Der Weg zur Seele

von

Martin Hanowski

© 2026 Martin Hanowski

Frankfurt am Main

Deutschland

Alle Rechte vorbehalten.

Text, Bilder und Grafiken unterliegen dem Schutz des Urheberrechts und anderer Schutzgesetze. Der Inhalt dieses Buches darf nicht zu kommerziellen Zwecken kopiert, verbreitet, verändert oder Dritten zugänglich gemacht werden.

Verlag: BoD · Books on Demand GmbH,
Überseering 33, 22297 Hamburg, bod@bod.de
Druck: Libri Plureos GmbH, Friedensallee 273, 22763 Hamburg
ISBN: 978-3-7431-0208-8

Inhaltsverzeichnis

1. Vorwort

2. Prolog

3. Irrwege
   - Einfache Richtlinien 12
   - Welten 16
   - Glauben ist nicht Wissen 18
   - Mit dir selbst 24

4. Verstehe die Basis
   - Gefühlswelt 26
   - Entscheidungen 38
   - Maximalverlust 44
   - Erwartungshaltung 46
   - Wahrheit 50
   - Die richtigen Fragen 60
   - Denkmuster 64
   - Liebe 68
   - Geld, Glück, oder doch Liebe? 79

5. Metamorphose
   - Seelenreinigung 87

Simplifikation	99
Vergessen	103
Schmerz	105
Moralvorstellungen	110
Vergebung	117
Pfade	120
Irgendetwas läuft hier schief	122

6. Liebe ist meine Baseline

Baseline	128
Weglaufen	132
Manipulation	133
Inverse Baseline	136

7. Verstehe deine Welt

Job	140
Familie	145
Freundschaft	149
Partnerschaft	152
Ich liebe dich	162
Exkurs: Seele	168
Vertrauen	170
Suche in Dir	174

8. Erkenne die Wahrheit

Konsequenzen	176

Weltformel der Psyche 179
Wer nicht wagt... 183
Meine Welt 185
Deine Welt 187
Macht 189

9. Anhang
Orientierungshilfe und Begriffserklärung 194

1. Vorwort

Wir sind Meister der Ignoranz und Verleugnung. Wir haben gelernt, den Schmerz zu unterdrücken, uns abzulenken, uns zu betäuben. Wir bauen unsere illusorischen Städte auf dem Fundament der Lüge und des Verrats. Dem Glück huldigen wir, haben es zum Heiligen erklärt. Geblendet von dieser Fata-Morgana irren wir in der Wüste umher, lechzen nach dem nächsten Tropfen Wasser, doch wir verdursten, jeden Tag ein wenig mehr. Denn der Staub der uns beschwert, saugt jeden Tropfen gnadenlos auf und lässt uns zurück, in Trockenheit und Dürre.

Doch wir sind nicht das Problem. Das wonach wir streben blendet uns. Wir haben verlernt, uns selbst zu lieben. Wir laufen davon, vor uns selbst. Wir verstecken uns vor der Wahrheit. Doch diese Wahrheit hat die Macht, uns zu befreien, uns unser Innerstes zu offenbaren. Wir haben unsere Häuser gebaut auf Schmutz, auf Geröll, auf Sand. Wir waren zu voreilig, haben die Basis, das Fundament vernachlässigt, sind zu schnell dem Betrüger, dem Glück verfallen.

Wir können einen anderen Weg einschlagen. Wir müssen nicht nach neuem suchen, sondern wir können Bestehendes freilegen. Wahrheit ist der unbändige Sturm, durch ihn sind wir in der Lage, unsere Städte zu zerstören, den Sand, das Geröll und den Schmutz beiseite zu schaffen, zu entfernen. Wenn wir es schaffen, uns von unseren Belastungen und Beschwerden zu befreien, dann legen wir etwas frei, was schon immer in uns ruhte. Denn was finden wir in unserem Kern? Was finden wir, wenn wir rein sind, leer? Wir erkennen unsere Seele, in Form purer Liebe.

Auf dem langen und beschwerlichen Weg der Reinigung begegnen wir hoch geschätzten Freunden. Da ist Vergebung, da ist Traurigkeit mit ihrem Verlobten, dem Schmerz. Wir begegnen Monstern wie Moralvorstellungen, Wertesystemen und Denkmustern. Wir treffen auf gefährliche Gegner wie Selbstverurteilung und Gefühlssurrogate. Am Ende dieser Reise jedoch erwartet uns Liebe. Und dies wird unsere neue Baseline sein.

Zu Anfang wird es dir vermutlich schwerfallen, alle Konzepte und Gedankengänge unmittelbar nachzuvollziehen. Verharre deshalb nicht an schwierigen Passagen, versuche nicht, alles sofort verstehen zu wollen. Umarme die Neugier und akzeptiere vorrübergehende Reizüberflutung. Gerade die Basis strotzt nur so von vorweggenommenen Neuheiten. Lies einfach weiter. Im Laufe des Buches werden sich deine Fragen beantworten. Habe Geduld und nehme dir Zeit, du wirst alles verstehen.

Solltest du dich dennoch verlaufen haben, so habe ich im Anhang einen Stadtplan beigelegt, der dir im Notfall als Orientierungshilfe dient. Es ist hilfreich, wenn du dich von deinen eigenen Definitionen für Begriffe wie Wissen, Wahrheit, Liebe und Glück lösen kannst. Lies genau! Überfliege nicht! Jedes Wort ist wichtig, und je weniger Widerstand ihnen entgegen gebracht wird, desto einfacher fällt das Verständnis.

2. Prolog

Verschmelzung

Ich bin ein Engel.

Wunderschön. Unsterblich.

Botschafter der Wahrheit.

Träger ewiger Liebe.

Ein Artefakt aus längst vergessener Zeit,

Geschmiedet aus zwei Seelen.

Ein Meisterwerk.

Prolog

Zerstörungszerstörer,

Feuerzauberer und Hassverwandler,

Seelenvirus.

Mit mir verschmolzen

Ein Archetypus,

Ein Hauch Ewigkeit.

3. Irrwege

Einfache Richtlinien

Egal wo, egal wie, egal bei wem man dieser Tage nach Wahrheit und Liebe, nach Frieden und Einheit, nach Sinn und Seele sucht, immer wird der Bereich des realen Lebens vollends übergangen und sich lediglich auf die innere Welt des Menschen konzentriert. Man macht es sich recht einfach, indem behauptet wird, dass wenn die innere Welt in Ordnung sei, das auch auf die reale Welt des Einzelnen mit Job, Familie, Freundschaften und Partnerschaft zuträfe. Das ist sehr simpel, meistens zu simpel. Denn es führt bei den meisten Menschen schlicht zu Frustration und final zur Abkehr von dem gewählten Ansatz wenn sie feststellen, dass sie am Ende mit ihren Alltagsproblemen und konkreten Fragen alleine gelassen werden.

Man macht sich hier den Wunsch des Menschen nach einfachen Rezepten zu nutze. Denn Menschen suchen nach Simplifikation, sie wollen eine Kernaussage, eine einfache Weisheit, eine konkrete Arbeitsanweisung, dann ist das Leben viel einfacher zu meistern. Wenn jemand beispielsweise behauptet, du seist ausschließlich

Bewusstsein, so ist das einzige was du bist eben das „Jetzt", der Moment, darum lebe auch entsprechend! Urplötzlich wird alles andere vollkommen unwichtig und kann somit der Maxime „im Jetzt leben" untergeordnet werden. Zudem wird jeder Mensch gleichgestellt, jedwede Differenz in Aussehen, Vermögen, Wissen ist nun irrelevant. Gleiches gilt für andere Ansätze, die so lediglich eine Illusion der Wahrheit kreieren und damit den Wunsch vieler Menschen erfüllen, weiter nichts.

Enthusiasmus für neue und einfach zu verstehende Konzepte ist gerade in jüngster Zeit besonders auffällig. Leute heutzutage wollen kurze und knappe Richtlinien. Mach dies und dies und dies, dann erfolgt dies und jenes. Wenn das Resultat zudem nicht garantiert wird, reicht das schon aus, um die meisten abzuschrecken und gar nicht erst anfangen zu lassen. Erfüllung, Frieden, Liebe funktionieren so nicht. Du willst ein Rezept für Zwiebelsuppe, bereitest die Zwiebelsuppe zu und präsentierst diese dann freudestrahlend vor versammelter Mannschaft. Das Problem ist, Zwiebelsuppe schmeckt immer scheiße! Und genauso verhält es sich mit der Adoption anderer Leute Weisheiten. Alles was du nicht selber versuchst, nicht selber erfährst, dir nicht selber erarbeitest, führt in der Regel zu minderwertigen Konstrukten.

Viele Suchende werden so gezwungen, parallele Leben zu führen. Sie entwickeln zwei Welten für sich. Die eine Welt beinhaltet alles, was zum täglichen Leben dazugehört, wie Job, Familie und Freundschaften. Sie wird als Eindringling, als Störenfried empfunden. Die andere Welt besteht aus dem, was ihnen persönlich Freiheit und Frieden bringt. Sie besteht in der Regel aus all dem, was der spirituelle Ansatz, den sie für sich gefunden haben, zu bieten hat. Er bildet so einen Fluchtpunkt, einen Zielzustand innerhalb des alltäglichen Gefängnisses, der aber in sich isoliert bleibt. Diese Leute sind nicht fähig, den für sich gewählten spirituellen Ansatz in das Alltagsleben zu integrieren. Sehr häufig wird das zwar versucht, resultiert aber nur in einem recht lausigen Konstrukt, denn anstatt dass eine Integration erfolgen kann, ergibt sich in der Praxis lediglich die Überlagerung der Alltagswelt mit einem spirituellen Mantel, den man sich umwirft, wenn es draußen zu kalt wird.

Das liegt aber nicht an der Unfähigkeit des Einzelnen, sondern an der Minderwertigkeit des spirituellen Modells selbst. Dieses offeriert dem Suchenden kein angemessenes Werkzeug, um beide Welten zu vereinen, um ihn zu rüsten für eine als brutal empfundene Außenwelt. Stattdessen wird versucht, innerhalb eines spirituellen Rahmens, welchen der Suchende fünfmal die Woche aufsuchen darf, das Wesen der Person so zu verändern, ihre Einstellung und ihr Verhalten so zu modifizieren, dass sie dann in der Lage ist, der Alltagswelt entgegenzutreten, ihr die Stirn zu bieten, sich nicht von ihr unterkriegen zu lassen. Das ist eine Basis, die auf Verteidigung beruht, nicht auf Einheit. Er bleibt ein Fremder in seinem eigenen Königreich, und genau das vereint nicht beide Welten, sondern kreiert Grenzland.

Es ist in der Tat schön, wenn du etwas gefunden hast, das für dich funktioniert, und dann solltest du definitiv auch daran festhalten. Ich will dich nicht bekehren, es ist für mich vollkommen unerheblich woran du glaubst oder glauben willst. Wenn deine Wahrheit für dich funktioniert, dann habe ich dem nichts hinzuzufügen.

Viele Dinge scheinen schon auf den ersten Blick recht einleuchtend, und sind dadurch auch sehr leicht zu akzeptieren und hinzunehmen. Jeder hat Verständnis dafür, dass es offensichtlich nicht ganz so einfach ist, eine Laufbahn als Astronaut einzuschlagen. Der Anforderungskatalog ist sehr umfangreich und es bedarf einer Menge Aufopferung und harter Arbeit, um dieses Ziel zu erreichen. Wenn es um das Ziel geht glücklich zu sein hingegen, so scheint es, als hielte jeder dies für ein gottgegebenes Recht. Glücklich zu sein sollte für jeden einen erreichbaren Zustand darstellen. Und in der Tat ist das auch so. Glücklich sein kann jeder. Dafür bedarf es nicht viel. Warum das im Detail so ist, werde ich noch an vielen Stellen zeigen.

Glücklich sein ist ähnlich dem Beruf des Wurstfachverkäufers. Der Anforderungskatalog ist nicht besonders anspruchsvoll, und daher scheint die Erreichung dieses Ziels für die meisten, mit ein wenig Mühe, machbar. Aus purer Liebe zu bestehen hingegen ist etwas, was dem Berufsbild eines Astronauten gleicht. Nicht jeder ist in der Lage, diesen Zustand zu erreichen. Trotzdem theoretisch jeder die Möglichkeit hat aus purer Liebe zu bestehen, so ist es etwas, das wahnsinnig viel Arbeit erfordert. Es erfordert Aufmerksamkeit seiner eigenen Gefühle gegenüber, es erfordert unbedingten Willen und Disziplin. Es erfordert des Weiteren Risikobereitschaft, enorm viel Mut und eine Menge Zeit. Alleine den Zustand purer Liebe zu erhalten ist eine Lebensaufgabe. Wenn dieser Zustand einmal erreicht ist, ist die Erhaltung dieses Zustandes sicherlich einfacher als das Erreichen selber, aber immer noch etwas, was ständiger Aufmerksamkeit, konsequenter Wahrheit, und immerwährender Leidenschaft bedarf.

Erfüllt zu sein von Liebe ist nichts, was man einfach mal im Supermarkt kaufen kann. Es ist nichts, was jemandem einfach mal so nebenbei zu Teil wird. Pure Liebe ist ein Geschenk. Es ist ein Geschenk was du dir selber machen kannst. Es ist das wertvollste, teuerste, intimste, und bei weitem schönste Geschenk was überhaupt existiert. Dieser Zustand wäre nichts Besonderes, wenn er einfach zu erreichen wäre, er wäre nicht von so unbändiger Schönheit, wenn er sich ein jedem offenbarte. Pure Liebe ist ein

Artefakt, es ist ein magischer Zustand, ein unsichtbarer Schild. Dieser Zustand hat nichts mit Erleuchtung zu tun. Dieser Zustand hat zu tun mit Vollendung, mit Einheit, mit deiner Einheit.

Dinge die es zu Hauf gibt, besitzen in der Regel keinen besonders großen Wert. Nur etwas von absoluter Seltenheit, von purer Reinheit, von sagenumwobener Schönheit verdient es, als Meisterwerk bezeichnet zu werden. Solcherlei Prachtexemplare erfordern besonderer Aufopferung, besonderen Mutes. Pure Liebe wird dem verliehen, der die Prinzessin aus dem Turm befreit, wird demjenigen zu Teil, der den Drachen tötet, und somit das ganze Dorf rettet. Pure Liebe wird dem offenbart, der sein Leben gibt für die Wahrheit. Nur dann, nur dann wenn du bereit bist, sämtliche Gebäude zu sprengen, bereit bist, die Höhle des Schmerzes zu betreten, dich hinzugeben bedingungsloser Wahrheit, nur dann wirst du überhaupt in der Lage sein, purer Liebe zu beggnen. Aber gib Obacht, sie ist eine anspruchsvolle Göttin, zart und zerbrechlich zudem, drum beschütze sie gut und sorge für sie. Sie ist es wert.

Welten

Man kann die innere Welt auch als die spirituelle Welt bezeichnen. Sie umfasst mehr als nur die Psyche allein. Am Ende ist sie ein Oberbegriff für alles, was in uns abläuft und in uns existiert, als Kontrast zu der äußeren Welt, welche alles umfasst, was außerhalb unseres Körpers stattfindet. Das Problem mit der inneren Welt ist, dass wir relativ wenig über sie wissen. Wir haben sogar recht wenig Vokabular, um innere Zustände zu beschreiben. Worte wie Seele, Geist, Gott sind vollkommen undefiniert. Wenn man sich demgegenüber die Wissenschaften anschaut, beispielsweise die Physik, so findet sich hier eine Vielzahl von Begriffen die es nur in der

Physik gibt, beziehungsweise die ihren Ursprung in der Physik haben.

Deine innere Welt hat Auswirkungen auf deine aktuelle Gefühlslage. Das wiederum hat Auswirkungen auf deine Handlungen. Deine Handlungen haben Auswirkungen auf deine äußere Welt, dein Umfeld. Alles was außen herum passiert, was dir widerfährt, welche Erfahrungen du machst, wie das Umfeld sich dir gegenüber verhält, hat wiederum Auswirkungen auf deinen emotionalen Zustand. Dieser emotionale Zustand hat wiederum Auswirkungen auf deine innere Welt. Das alles bist du, das alles ist Teil von dir. Das zu ignorieren entspräche nicht der Wahrheit.

Du bist einem ständigen Wandel unterworfen. Du wirkst auf Dinge, und die Dinge wirken auf dich. Es ist eine niemals enden wollende Kommunikation innerhalb deiner Person, und außerhalb deiner Person mit deinem Umfeld. Deshalb ist es auch so wichtig, sich nicht nur um die äußere Welt zu kümmern oder sich nur seiner spirituellen Welt zu widmen, sondern beides gleichwertig zu behandeln.

Der Prozess der Wahrheitsfindung und der inneren Reinigung, so wie ich ihn beschreiben werde, ist ein Prozess, der seinen Ursprung hat in den Belastungen, in den Verschmutzungen die du dir selber im Laufe der Zeit auf deine Seele gelegt hast. Der Prozess der Reinigung von diesen Belastungen ist ein bewusster Prozess der es dir ermöglicht, deine Seele freizulegen. Das Freilegen der Seele führt zu einem Leuchten, zu einem Schweben, zu einer Reinheit, zu einem Zustand der weitaus mehr ist als Glück. Dieses Freilegen erzeugt Leere, die Abstinenz von Beschwerden, welche dir nun Zugang ermöglicht zu deiner Seele. Dieser Zustand ist der Zustand der Liebe, unverwässerter, reiner, purer Liebe. Er bezeichnet das Fühlen der Seele, die Verbundenheit mit ihr.

Trotzdem sich der Prozess auf die innere Welt bezieht, steht er aber in sehr engem Zusammenhang mit der realen, äußeren Welt. Die reale Welt mit der du jeden Tag konfrontiert wirst, ist etwas, dem du nicht aus dem Weg gehen kannst. Es gibt viele Dinge in der realen Welt, die du benutzen kannst, um die Dimensionen deiner inneren Welt zu erweitern. Dazu gehören Yoga, Meditation und ähnliches. Wenn du dich in einem Zustand der Reinheit befindest, wirst du empfänglicher sein für all diese Methoden der Selbstannäherung, und umgekehrt helfen sie dir wiederum dabei, innere Reinheit zu erlangen und zu erhalten.

Jede einzelne der Erfahrungen die du machst, sind deine eigenen Erfahrungen und resultieren in Wissen. Wenn du dich stattdessen lieber dafür entscheidest, den Erfahrungen von jemand anderem Glauben zu schenken, so akzeptiere die Wahrheit, dass es sich nicht um deine eigene Erfahrung handelt, und sei so ehrlich zu dir selbst. Du entscheidest dich, das vermeintliche Wissen eines anderen zu glauben, und es zu deiner Wahrheit zu machen. Solange das funktioniert, und du dir dem was du tust bewusst bist, so lange liegt darin auch keine Belastung. Es wird problematisch, wenn du versuchst, das Wissen eines anderen auf dein Leben zu projizieren und zu hoffen, dass er die ersehnten Lösungen für dich hat.

Glauben ist nicht Wissen

Wenn es um den Glauben und das Wissen geht, gibt es drei Ebenen. Die unterste Ebene ist das Nicht-Wissen. Nicht-Wissen ist die größte Ebene. In diese Kategorie fallen alle Dinge von denen wir einfach keine Ahnung haben und die uns in der Regel auch ziemlich egal sind.

Die zweite Kategorie ist der Glaube. Diese Kategorie ist ein Subsegment des Nicht-Wissens, nimmt dort aber eine besondere Stellung ein. Der Glaube selber hat nichts mit religiösen Ansichten oder Weltanschauung zu tun. Er ist ausschließlich dadurch gekennzeichnet, dass er eine Entscheidung darstellt. Du entscheidest dich, etwas zu glauben, oder etwas eben nicht zu glauben. Wenn du beispielsweise einen Taxifahrer fragst, wie du zum Brandenburger Tor kommst, und er dir die Koordinaten gibt, dann entscheidest du dich dafür, ihm zu glauben und den Anweisungen Folge zu leisten. Allerdings hast du keine Ahnung, ob das was er sagt der Wahrheit entspricht oder nicht. Das wirst du erst wissen, wenn du dich auf den Weg machst. Genauso verhält es sich mit dem Prinzip Gott. Ich will hier gar nicht darüber sprechen wer oder was Gott ist. Zu viele verschiedene Auffassungen würden hier kollidieren. Das ist auch vollkommen irrelevant.

Was bedeutet es, an die Bibel zu glauben? Das bedeutet, dass du zunächst einmal keine Ahnung hast. Etwas nicht zu wissen, bedeutet lediglich, die Erfahrung nicht selber gemacht zu haben. In dem Moment wo du ins Feuer greifst und Brandblasen bekommst, weißt du, dass ins Feuer fassen schmerzhaft ist. Bis zu dem Zeitpunkt wo du es nicht selber erlebst, bist du angewiesen darauf, anderen Menschen zu glauben, dass das so ist. Genauso glaubst du, dass die Erde eine Kugel ist. Selber gesehen? Vermutlich nicht, ergo ist das nichts, was du weißt. Du wirst dich aber vielleicht entscheiden, das zu glauben. In dem Moment machst du es zu deiner Wahrheit. Das heißt, auch der Glaube an die Bibel entspringt lediglich der Entscheidung, an etwas zu glauben, was irgendjemand als sein Wissen proklamiert und vor Jahrtausenden niedergeschrieben hat. Darin liegt keine Wertung, es ist lediglich was es ist.

Die dritte Ebene ist das Wissen. Diese ist sicherlich die kleinste von diesen drei Ebenen und bezieht sich lediglich auf die Ereignisse, die uns selber widerfahren sind. Jede unserer Erfahrungen führt unweigerlich zu Wissen über einen bestimmten Sachverhalt. Diese Definition von Wissen ist sehr wichtig! Lies nicht so einfach über sie hinweg!

Du denkst, es zeugt von Wissen, dass 2 + 2 = 4 ist? Ist es nicht! Mathematik ist, wie viele Dinge auf unserem Planeten, ein Konstrukt des menschlichen Verstandes. Es ist nichts, was einfach existiert. Theoreme anwenden zu können, die innerhalb des Konstrukts gelten, hat nichts mit Wissen zu tun. Es hat auch mit Glauben nichts zu tun. Es bedeutet lediglich, dass du dich in einem theoretischen Rahmen auskennst und dich darin zurechtfindest, mehr nicht. Naturwissenschaften insbesondere haben in erster Linie für den Menschen praktischen Nutzen. Alles Nützliche was der Mathematik entspringt, basiert auf ganz wenigen Basisdefinitionen. Nur weil wir zum Mond fliegen können, bedeutet das nicht, dass Mathematik Wahrheit ist, dass Menschen sie ausgebuddelt haben, sie ist einfach nur eine Erfindung des Menschen.

Sei nicht zu vorschnell mit der Definition von Wissen. Es gibt Haie im Meer, richtig? Wenn du noch keinen gesehen hast, bedeutet das lediglich, dass für dich, in deiner Wahrheit, das Vorhandensein von Haien im Meer ein Glaube ist. Du kennst einen Haifänger? Du hast eine Dokumentation gesehen? Es gibt Bilder von Haien im Internet? Das macht es immer noch nicht zu einem Teil deines Wissens. Es wird über die Entscheidung für den Glauben daran zu deiner Wahrheit, aber nur durch die Adoption anderer Leute Weisheit. Es geht nicht darum, ob es tatsächlich Haie im Meer gibt. Das ist nicht die Frage! Es geht um das, was du weißt, und um die daraus entstehende Wahrheit, deiner Wahrheit.

Eine absolute Wahrheit existiert nicht. Es wurden schon viele Dinge vermeintlich gewusst. Hexenverbrennung, Kreuzzüge, Konzentrationslager, Terroranschläge sind alles Zeugen einer Zeit, in welcher man vollkommen überzeugt davon war, dass die Pest Hexenwerk sei, das Christentum die wahre Religion darstelle, der Jude die Wurzel allen Übels repräsentiere und die westliche Welt der Feind sei. Schockierend, oder? Das „Wissen" der Menschen entspricht immer nur ihrer eigenen Wahrheit. Mit absoluten Maßstäben hat das nichts zu tun, damals wie heute. Selbst Menschenrechte stellen dabei keine Ausnahme dar.

Diese Unterscheidung zwischen Wissen und Glauben ist sehr wichtig, denn im Sprachgebrauch werden beide Begriffe sehr generalisiert benutzt. Insbesondere wenn es um den Begriff von Wahrheit geht, wird diese Unterscheidung hilfreich sein. Das Verständnis dessen ist für das Kommende unabdingbar, deshalb auch die einprägsame Wahl der Beispiele.

Wenn wir uns jetzt insbesondere die Ebene des Glaubens anschauen, ist es recht einfach festzustellen, warum die Religionen dieser Welt nicht in der Lage sind, uns das zu geben, was wir uns so sehr wünschen. Sie bedürfen des Glaubens, sie ersetzen, bzw. übergehen die Notwendigkeit der eigenen Erfahrung. Sie versuchen, Wissen zu substituieren, indem sie selber die Wahrheit für sich proklamieren. Sie statuieren Unbewiesenes und vor allem Unwiderlegbares. Dagegen kann niemand ankämpfen, man kann nur glauben, oder eben nicht.

Glaubensrichtungen, Religionen, Weltanschauungen, Gurus, Hohepriester, Erleuchtete, alle bedienen sich vorgefertigter Muster. Die zehn Gebote sind ein vorgefertigtes Muster. Menschen tendieren dazu, wie schon gesagt, nach einem Kochbuch zu leben. In der Praxis helfen diese allgemein gehaltenen Verhaltensrichtlinien herzlich wenig. Sie hinterlassen den Einzelnen hilflos und einsam. Das einzige Geschenk, das einzige Werkzeug, die einzige Gabe, die dem Individuum zu Teil wird, ist die Fähigkeit zu glauben. De facto also die Fähigkeit, nicht zu wissen. Das ist ziemlich lausig und für viele Menschen nicht genug. Es ist dabei vollkommen unerheblich wie die Wahrheit aussieht, denn es existiert sowieso nur eine Wahrheit, und das ist die deine. Anderer Leute Wahrheiten haben keinen Einfluss auf deine Welt. Ihre Wahrheit kann nur geglaubt werden, sie transformiert sich aber nur durch eigenes Erleben zu Wissen. Und Wissen ist ein weitaus nützlicheres Werkzeug als der Glaube.

Wissensbereiche

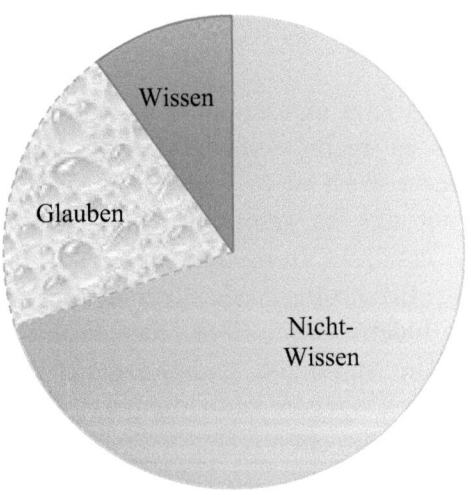

Der Anteil dessen, was wir auf Grund unserer eigenen Erlebnisse und Erfahrungen wissen, ist weitaus geringer als es viele wahrhaben wollen. Stattdessen macht der Glaubensbereich einen größeren Anteil aus. Das Nicht-Wissen dominiert natürlich.

Deshalb sage ich dir, glaube nicht! Fange an zu wissen! Finde deinen eigenen Weg, mache deine eigenen Erfahrungen in der realen Welt und in der spirituellen Welt, in der übernatürlichen Welt oder welcher Welt auch immer. Denn nur eigene Erfahrungen führen zu Wissen. Und wenn du weißt, brauchst du nicht glauben. Wenn du weißt, kannst du nicht verleugnen. Wenn du weißt, dann hast du die Wahrheit. Und nicht die Wahrheit als solches, sondern deine Wahrheit, deine ganz eigene Wahrheit, die da draußen auf dich wartet, und deine Wahrheit ist unter Garantie nicht die Wahrheit deines Nachbarn, ist unter Garantie nicht meine Wahrheit, und deine Wahrheit bedarf auch keines Namens, keiner Definition. Deine Wahrheit ist, was sie ist, unabhängig davon, wie du sie nennst, unabhängig davon, ob sich jemand dafür entscheidet, deine Wahrheit zu glauben, und sie so zu seiner eigenen Wahrheit zu machen. Deshalb werde ich meine Erlebnisse und meine Wahrheiten hier nicht teilen, denn das wäre absolut kontraproduktiv. Ich will, dass du dich selber auf die Suche machst nach dem, was da draußen auf dich wartet, auf dich ganz persönlich.

Jedoch sind wenige nur bereit, dafür auch zu arbeiten, Leidenschaft zu investieren. Leute wollen Lösungen präsentiert bekommen, vorgefertigte Arbeitsanweisungen, Schablonen, Muster, Dinge, die sich mit Sicherheit rentieren, je detaillierter desto besser. Das wird hier nicht passieren. Am Ende musst du deinen eigenen Weg finden. Aber ist das nicht schöner? Das Schöne daran ist doch, zu wissen, dass es dein ganz eigener Weg ist, diesen Weg nur du gehen kannst, und dass das, was da draußen auf dich wartet, nur für dich da ist. Das ist für mich ein wunderschöner Gedanke. Du solltest nicht erwarten, dass das von heute auf morgen passiert. Ich will nur sagen, dass ich weiß, dass es da draußen etwas gibt für mich, und das ist ein unheimlich schönes und befreiendes Gefühl.

Mit dir selbst

Um Langeweile zu verstehen, bedarf es des Verständnisses um die Natur des Glücks. Sehr häufig verfallen Leute in Langeweile wenn sie nur sich selbst überlassen sind. Sie ist für die meisten ein Resultat aus der Abstinenz von Aktivität. Aktivität wiederum stellt natürlich einen möglichen Trigger für Glücksgefühle dar. Das Streben nach immer wieder neuen Aktivitäten entspricht nichts anderem, als einem Hinterherlaufen hinter dem Glücksgefühl, hinter der Droge. Das Erkennen, dass das Leben im Prinzip eine Wiederholung von ähnlichen Tätigkeiten darstellt, und diese in ihrem Variantenreichtum extrem beschränkt sind, ist absolut essenziell, um das Prinzip der Langeweile zu verstehen.

Was machen wir denn in der Zeit, die uns zur eigenen Gestaltung bleibt? Wir leben das Leben anderer. Wir schauen fern. Was ist Fernsehen? Am Ende ist es das Leben anderer plus Werbung. Werbung wiederum ist nichts anderes, als andere Leute, die dir erzählen, was du gut zu finden hast. Nachrichten sind nichts anderes, als Information über das Leben anderer, gespickt mit Manipulationsversuchen bezüglich deiner eigenen Meinung. De facto füllen wir unsere Freizeit mit dem Leben anderer, sehen ihnen zu bei der Erfüllung ihrer Träume, anstatt uns selber zu folgen. Und dann wundern wir uns, dass uns das nicht in Euphorie versetzt.

Die Liebe zu finden in kleinen Dingen, in sich wiederholenden Ereignissen, stellt eine hohe Kunst dar und ist nicht einfach zu realisieren. Geld spielt natürlich in der Vorstellung, sein Leben mit Aktivität zu füllen, eine enorm große Rolle. Tatsächlich bleiben bei genauerer Betrachtung überhaupt nicht viele Optionen für Aktivität. Viele Menschen kommen schon in Erklärungsnot, 365 verschiedene

Aktivitäten zu benennen für jeden Tag im Jahr. Selbst wenn man nach 100 Aktivitäten fragt, wird es den meisten sehr schwer fallen, diese aufzulisten. Wie viele Paar Schuhe musst du dir bspw. jede Woche kaufen, um das gewünschte Glücksgefühl am Leben zu erhalten? Viel komplizierter wird es ja noch, wenn man davon ausgeht, dass die Hemmschwelle für die Empfindung dieses Glücksgefühls tagtäglich noch steigt!

Aktivität selber stellt final nämlich nur eine künstliche Herbeiführung von Glücksgefühlen dar, doch diese sind nur von kurzer Dauer und bedürfen regelmäßiger Trigger. Aber auf den Glücksbegriff werde ich im Detail noch eingehen. Stattdessen ist das Gefühl der Liebe, in Kombination mit dem Wissen um eben der Wiederholung sämtlicher Ereignisse im Leben, ein entscheidender Punkt, um Frieden zu finden und so eben nicht in wildem Aktionismus unterzugehen. Aktivität verhindert die Beschäftigung mit sich selbst, aber vor dir selber wirst du nicht davonlaufen können, egal wie schnell du der Aktivität hinterherläufst.

Womit auch immer wir unsere Zeit verbringen, hat nahezu nichts mehr mit unserem Kern zu tun, nichts mehr mit uns selbst. Wir haben verlernt, uns mit uns selber zu beschäftigen. Wir lieben uns selbst nicht genug, wir haben nämlich jahrelang gelernt, uns regelmäßig zu verurteilen. Wir haben keine Lust dazu, Zeit mit jemandem wie uns zu verbringen. Das hat zu absoluter Unwissenheit ob unseres Wesens geführt.

4. Verstehe die Basis

Gefühlswelt

Es gibt Basisgefühle und es gibt Gefühlssurrogate. Basisgefühle sind unverfälscht, rein, sie sind frei von kognitiven Prozessen und deshalb nicht künstlich zu kreieren. Surrogate sind ihrem Ursprung nach Basisgefühle, die aber über Neuausrichtung und Intensivierung modifiziert wurden. Es gibt nur zwei Basisgefühle, Liebe und Traurigkeit. Es sind die einzigen Gefühle, die dauerhafter Natur sind und keiner „Aufladung" bedürfen. Sie mögen zwar bisweilen in den Hintergrund rücken, sind aber immer wieder leicht in einem selbst zu finden und einfach heraufzubeschwören. Surrogate brauchen hingegen immer wieder Auslöser, Trigger, um am Leben erhalten zu werden. Lediglich Liebe ist unzerstörbar. Der mit Traurigkeit verbundene Schmerz ist zwar zerstörbar, Traurigkeit selber jedoch kann nur durch eine Einstellungsänderung innerhalb deines Wertesystems eliminiert werden. Sie stellt aber keine Gefahr dar und sollte nicht als Problem oder als unerwünscht tituliert werden, ganz im Gegenteil. Dazu aber später mehr.

Traurigkeit ist ein nach innen gerichtetes Gefühl. Es bezieht sich auf dich, auf deine Person. Es ist rein, weil es eine Empfindung ohne Wertung darstellt. Es ist das Endgefühl eines negativen Emotionsstranges, denn jedes negative Gefühlssurrogat kann heruntergebrochen werden auf, und somit abgeleitet werden aus der Basis, der Traurigkeit. Als Basisgefühl birgt das Zulassen dieses Gefühls Wahrheit und das Ausleben des mit Traurigkeit verbundenen Schmerzes führt immer und unweigerlich zu einer Befreiung in dir, zu einer Reinigung des Schmutzes der sich im Laufe der Zeit als psychische Beschwerde auf deine Seele gelegt hat.

Traurigkeit ist ein sehr schönes Gefühl wenn du fähig bist, es in seiner Reinheit zuzulassen. Der Akt des Weinens hat sehr häufig eine befreiende Wirkung, und diese befreiende Wirkung kommt von der Auseinandersetzung mit einer Situation in einer Art und Weise, die voller Wahrheit und Liebe ist. Die Akzeptanz und Realisation deiner Traurigkeit führt unweigerlich zu Schmerz, dieser ist von unterschiedlicher Intensität, je nach Schwere des Basiserlebnisses. Diesen Schmerz zu erkennen und zuzulassen, führt zur Elimination bzw. Nicht-Entstehung von Belastungen. Diese Form der Auseinandersetzung mit deinen Erfahrungen ist die einzige Möglichkeit, innere Reinheit zu erlangen. Reinheit bedeutet hier nichts anderes, als die Abstinenz von Belastungen, Druck und Verurteilung.

Trotzdem Traurigkeit durch ein Ereignis oder eine Situation in dir entsteht, vergeht sie nicht von alleine, sondern setzt sich in dir als Belastung fest wenn du dich dem Schmerz nicht widmest. Einmal entstanden, braucht Traurigkeit keine weiteren Lebenserhaltungsmaßnahmen. Selbstschutzmechanismen mögen zwar ein bewusstes Erleben dieser Traurigkeit vermeiden, verschleiern aber so nur ihre Existenz.

Beispiel Neid

Betrachten wir einmal folgende Situation. Dein Nachbar kauft sich ein neues Auto. Dieses Auto liegt in einer Preisklasse, die gemessen an dem was du verdienst und was du dir leisten kannst, relativ hoch ist. Du fühlst eine Menge negativer Gefühle die sich in der breitmachen. Du fragst dich, wie sich das dein Nachbar leisten kann. Schließlich wohnt ihr in der gleichen Gegend, habt vielleicht sogar ähnliche Jobs. Eine Menge Gedanken machen sich in dir breit. Du stellst fest, dass dir selbst die Begrüßung am Morgen schwerer fällt als sonst. Ständig gehen dir Gedanken durch den Kopf, wie es wohl sein kann, dass er sich einen solchen Wagen leisten kann und du eben nicht. Du versuchst sogar, durch Befragung anderer Nachbarn und Freunde herauszufinden, was es mit dem Neuwagenkauf auf sich hat. Du versuchst, so viele Informationen wie möglich zu erlangen. Jedes Mal, wenn deine Frau deinen Nachbarn sieht, denkst du nun, sie schaut ihn ein wenig länger an als sonst, findet ihn vielleicht sogar attraktiver als vorher. Was auch immer die genauen Implikation sind, der Neuwagenkauf deines Nachbarn hat zu einer Menge Belastungen in dir geführt.

Dieses Beispiel ist relativ komplex, trotzdem es auf den ersten Blick relativ simpel erscheint. Ich werde auf dieses Beispiel im Laufe des Buches noch öfter zurückgreifen, aber im Moment ist nur wichtig zu erkennen, welche Gefühle Gefühlssurrogate sind, und in welcher Form sich Basisgefühle ableiten lassen.

Wir haben es hier mit einer Menge von Gefühlen zu tun. Da ist ein gewisser Ärger vorhanden, sicherlich ist Neid zu erkennen. Unter Umständen lässt sich sogar Eifersucht finden. Das Entscheidende ist, dass all diese Gefühle zurückzuführen sind auf ein einziges Ereignis, und zwar auf den Neuwagenkauf.

Jetzt wissen wir, dass alle negativen Gefühle auf das Basisgefühl der Traurigkeit zurückzuführen sind. Lass uns das einmal versuchen. Was ist denn hier eigentlich passiert? Dein Nachbar hat sich ein neues Auto gekauft. Das Auto gefällt dir unter Umständen, auf jeden Fall besitzt es einen gewissen Wert für dich. Du bist traurig, weil sich jemand anderes etwas leisten kann, was du dir zumindest momentan eben nicht leisten kannst. Jemand hat etwas, was du vielleicht auch gerne hättest. Dieses Gefühl der Traurigkeit hat ausschließlich mit dir zu tun. Es ist nicht gekoppelt an eine andere Person oder Ereignis. Der Neuwagenkauf hat lediglich deine Traurigkeit ans Licht gebracht, ist aber nicht Grund für deine Traurigkeit!

Wo kommt der Ärger her? Woher der Neid? Es fällt dir schwer, deinen Nachbarn morgens zu grüßen weil du Wut oder Ärger ihm gegenüber empfindest. Was ist hier passiert? Du hast das Ursprungsgefühl der Traurigkeit genommen und umgeleitet, und zwar hast du das Gefühl gekoppelt an die Person des Nachbarn und ihn so zum Auslöser für deine Traurigkeit gemacht. So hast du es zumindest konstruiert. Jetzt hast du aber das Gefühl zudem intensiviert. Aus Traurigkeit hast du Wut gemacht.

Deine Frau schaut deiner Meinung nach deinen Nachbarn nun etwas anders an. Hier bist du lediglich traurig darüber, dass deine Frau dich vielleicht nicht mehr so anguckt wie vorher, oder aber zumindest deinem Nachbarn nun mehr Aufmerksamkeit schenkt als dir. Diese Traurigkeit transformierst du selber zu Eifersucht und den daraus entstehenden Gefühlen in dir, die einer Intensivierung von Traurigkeit gleichkommt und koppelst zudem das Gefühl mit der Person deiner Ehefrau.

Sämtliche Emotionen die dieses eine Ereignis ausgelöst hat, sind also am Ende zurückzuführen auf das Gefühl der Traurigkeit. Dieses Beispiel wird uns durch das gesamte Buch begleiten und in anderen Zusammenhängen immer wieder auftauchen. Für jetzt soll diese Analyse erst einmal reichen, denn es ging nur um die Illustration, dass sämtliche negativen Emotionen auf das Basisgefühl der Traurigkeit zurückzuführen sind.

Liebe hingegen ist ein Gefühl der Freiheit, der Leere und des Friedens, sie ist das Resultat einer Entscheidung für eine Wahrheit, ohne die Notwendigkeit der Rechtfertigung. Sie hat zu tun mit Akzeptanz und Vergebung. Es ist eine Nicht-Verleugnung der Realität und beinhaltet Sympathie, Zuneigung, Harmonie und Schönheit. Glück ist ein Surrogat von Liebe, denn in einem Glücksmoment akzeptieren wir alles um uns herum, wir leben in Einheit, in Harmonie mit dem was uns passiert, mit dem, wer wir zu diesem Zeitpunkt sind. Das hängt damit zusammen, dass wir durch ein glückauslösendes Ereignis, Belastungen vergessen, die wir in uns tragen. Glück ist eben ein Surrogat, weil es einen Auslöser, einen Trigger benötigt. Liebe bedarf keines Auslösers. Liebe ist ein Grundgefühl was wir alle in uns haben, die Basis des positiven Emotionsstranges, welche aber immer wieder überlagert wird vom Schmutz unserer Konflikte, die ihren Ursprung in Surrogaten haben.

Warum ist diese Unterscheidung so wichtig? Diese Unterscheidung ist von absolut massiver Bedeutung. Zu erkennen, dass sämtliche Emotionen ihren Ursprung in lediglich zwei Basisgefühlen haben, ermöglicht es dir, jede einzelne Situation in der du emotional involviert bist, für dich zu simplifizieren. Diese Simplifikation ermöglicht es dir, einen emotionalen Knoten zu lösen.

Gefühls-Struktur

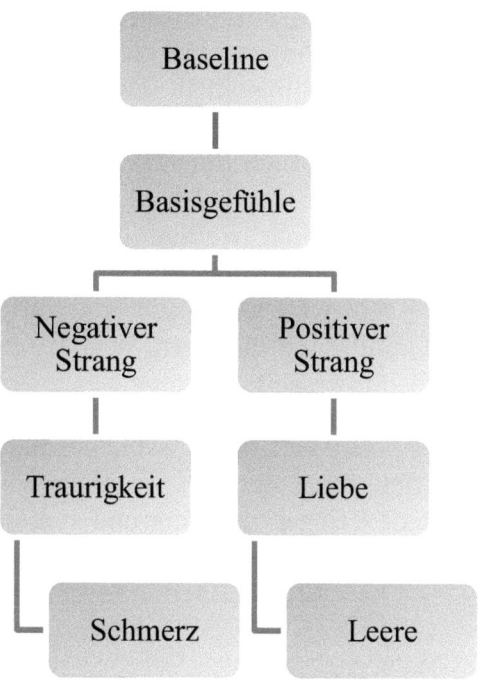

Traurigkeit ist verknüpft mit einem psychischen, physisch spürbaren Schmerz. Liebe bedeutet die Abwesenheit von Belastungen und Beschwerden, und ist deshalb nur durch Leere spürbar. Liebe und Traurigkeit bilden zusammen die Basisemotionen. Sie repräsentieren jeweils das letzte Glied der positiven bzw. negativen Emotionskette. Je nach Konstellation des Schmerz-Leere-Verhältnisses ergibt sich daraus die Baseline des Individuums.

Surrogate führen dazu, dass ein Ursprungserlebnis durch eben die Modifikation aus Intensivierung und Neuausrichtung zu einer Manifestierung dieses Erlebnisses und somit zu einer Belastung wird. Es entsteht eine Koppelung zwischen Ereignis und negativem Gefühlssurrogat. Diese Form von Belastung ist wie ein emotionaler Müllhaufen, der sich buchstäblich auf deine Seele, auf deine Liebe legt. Je mehr Müll du anhäufst, desto weniger hast du die Fähigkeit, dich mit deinem Basisgefühl, mit deiner Seele zu verbinden. Du bleibst gefangen auf der Oberfläche dieses Müllhaufens und verlierst dich in Surrogaten wie Hass, Ärger, Wut und Neid. Du machst andere Leute verantwortlich für das was du eben fühlst (Neuausrichtung des Basisgefühls), aber verantwortlich bist alleine nur du. Sicherlich werden dir Dinge im Leben widerfahren, von dem andere Leute sagen du hättest da aber auch ein gutes Recht wütend zu sein. Das hilft dir herzlich wenig, denn DU musst mit dir leben. Was ein dritter dazu zu sagen hat, hat absolut keine Bedeutung.

Auf Seite des positiven Emotionsstranges haben Surrogate eben nur den Effekt einer Illusion. Sie suggerieren dir Liebe, sind aber am Ende Trigger-abhängig und somit zum Sterben verurteilt. Auch hier erfolgt der gleiche Koppelungsmechanismus.

Es gibt verschiedene Gefühle, die etwas schwieriger sind auf ein Basisgefühl zurückzuführen. Angst oder auch Furcht, vollkommen egal, ist kein Gefühl im Sinne einer Emotion. Es ist im Prinzip so etwas wie ein Alarmsignal. Es ist ein Gefühl was einer Sirene gleicht, die dich in Alarmbereitschaft versetzen soll. Angst ist in seinem Reinzustand lediglich auf eine Ursache zurückzuführen, nämlich darauf, dass sie in ihrer ursprünglichen Form für den Menschen eine lebenserhaltende Maßnahme darstellt. Angst ist mehr ein Instinkt, als dass es tatsächlich eine Emotion darstellt. Jetzt ist natürlich im Lernprozess des Menschen Angst ein entscheidender Faktor, Manipulation in Form von Verhaltensmodifikation gerade im Kindesalter ist allgegenwärtig. Das stellt aber lediglich eine Fehlleitung, einen Missbrauch des Instinktes dar.

Das Gefühl der Angst dient der präventiven Schmerzvermeidung, denn wo immer Angst empfunden wird, findet eine Reaktion im Körper statt die instinktiven Ursprungs ist. Diese Form von Gefühl ist vollkommen anders geartet als Wut beispielsweise. Wut ist keine Emotion die der Lebenserhaltung dient. Das Gefühl von Angst ist dem Zustand von Gefahr oder Achtung gleichzusetzen.

Ekel ist zwar ein fühlbarer Zustand, hat aber mit einer Emotion gar nichts zu tun. Das wird schon deutlich in seiner begrifflichen Verwendung. Die einzige sinnvolle Verwendung findet sich in: Ich empfinde Ekel. Ich habe Ekel, oder ich fühle mich ekelig sind keine sinnvollen Botschaften. Ekel kommt Wärme bzw. Kälte gleich. Er ist empfindbar, hat aber mit Emotion absolut nichts zu tun.

Alles was surrogateinduziert ist, ist Illusion. Angst existiert nicht. Angst ist ein Surrogat. Hass existiert nicht. Hass ist ein Surrogat. Ein entscheidendes Kriterium für ein Surrogat ergibt sich aus der Antwort auf die Frage, ob du dich für dieses Gefühl entscheidest oder nicht. Eine Entscheidung hat nämlich immer mit einem kognitiven Prozess zu tun. Du entscheidest dich bspw. immer dafür, eine Person zu hassen oder nicht. Das ist eine Entscheidung die du triffst. Angst entspringt einer Entscheidung, die aus speziellen Gedankengängen resultiert, und ist demnach nichts was reinen Ursprungs ist. Demnach sind diese Gefühle Symptome einer inneren Krankheit. Sie sind Resultat aus einer für die Psyche schädlichen Auseinandersetzung mit Traurigkeit.

Das Böse selber existiert nicht. Es handelt sich hier lediglich um die Abwesenheit, um die Abstinenz von Liebe. Das entscheidende, und das gleichzeitig wunderschöne, sind, dass Liebe hingegen immer und überall existiert, in dir selber. Allerdings ist diese Liebe bisweilen so stark überlagert von

Verschmutzungen und Belastungen, dass sie sich nicht zeigen kann, und stattdessen Hass, Wut und Ärger zum Ausdruck gebracht werden. Tatsächlich sind diese Gefühle fehlgeleitete Traurigkeit. Und genau deshalb sind Hass, Ärger und Wut, am effektivsten zu bekämpfen mit Liebe, Akzeptanz und Vergebung. Denn wenn die negativen und destruktiven Gefühle zurückzuführen sind auf das Basisgefühl der Traurigkeit, dann löst sich der damit verbundene Schmerz nur über das positive Basisgefühl der Liebe auf. Wenn aber Hass und Ärger und Wut auf genau dieselben negativen Emotionen treffen, dann kann es hier keinen Gewinner, keine Lösung geben. Natürlich ist die Lösung eines konkreten und komplexen Problems in der Praxis relativ schwierig, aber zu wissen, welches Prinzip anzuwenden ist, um eben diesen Hass zu eliminieren, ist doch eines der wertvollsten Dinge überhaupt.

Wenn wir jedoch von angeborenen Instinkten sprechen, dann ist das etwas, was in keiner Form relevant ist für das, worauf ich hinaus will, und ich will mich hier nicht in philosophischen Diskussionen verlieren. Angst ist im Prinzip nichts anderes als die Antizipation, beziehungsweise die Vorwegnahme von Traurigkeit. Angst zu versagen, Angst davor, ausgelacht zu werden, nicht akzeptiert zu werden in einer Gruppe, Angst davor, physischen Schmerz zu erleiden, Angst davor, seinen Job zu verlieren und so weiter und so fort. Hier zeigt sich ganz eindeutig der illusorische Charakter von Angst. In der Situation, in der diese Angst auftritt, existiert überhaupt gar keine bedrohliche Situation. In dem Moment wo die befürchtete Situation jedoch eintritt, bleibt lediglich das Basisgefühl der Traurigkeit resultierend aus den dann erfolgenden Ereignissen.

Angst ist also ein auf die Zukunft ausgerichtetes Gefühl. Angst ist genauso wie Vorfreude dann ganz offensichtlich ein gedankeninduziertes Gefühl. Gedankengänge offenbaren dir mögliche Konsequenzen, die wiederum mögliche Gefühlsregungen und Reaktionen in dir antizipieren. Vorfreude bedeutet ja nichts anderes, als sich beispielsweise auf ein neues Auto zu freuen. Das bedeutet dann für dich konkret Neuwagengeruch, Akzeptanz deines Umfeldes, Selbstbestätigung und so weiter. Bei der Angst sind die vorweggenommenen Gefühle immer schmerzbezogen, was natürlich ein Ausdruck von Traurigkeit ist, genauso wie der Ausdruck der positiven Gefühle, die über Vorfreude schon gedanklich in dir projiziert werden, Ausdruck von Liebe sind. Demnach sind Angst oder Vorfreude in keiner Weise als Basisgefühle zu bezeichnen.

Sicherlich rufen bestimmte Gedankengänge in dir Emotionen hervor. Und hier zeigt sich doch eben ganz deutlich, dass es sich überhaupt nicht um Basisgefühle handeln kann. Es handelt sich hier um künstlich erzeugte Reaktionen deines Körpers. Diese sind natürlich genauso ernst zu nehmen, und genauso real für dich wie Basisgefühle, aber sie besitzen eben keine Ursprünglichkeit, keine Reinheit.

Es gibt Ereignisse und Momente, die du als positiv empfindest, und es gibt welche die du als negativ empfindest. Den positiven widmen wir in der Regel nicht besonders viel Zeit. Sie versetzen uns lediglich in ein kurzfristiges Stimmungshoch. Die negativen werden zur Belastung und verschwinden je nach Schweregrad nicht von selbst. Das Basisgefühl der für dich als negativ empfundenen Ereignisse ist Traurigkeit. Positive Erlebnisse, die in dir positive Empfindungen hervorrufen, sind alle auf das Basisgefühl der Liebe zurückzuführen. Lass mich das erläutern.

Beispiel Glück

Sagen wir einmal, es ist ein Tag wie jeder andere. Du stehst morgens auf, bringst deine Kinder zur Schule und gehst zur Arbeit. Das sind alles Dinge die dich in der Regel belasten. Aber du hast gelernt, damit zu leben, denn das ist Teil des Lebens. Du bist auf der Arbeit und du hast mit einem Problem zu kämpfen, dass sich schon seit über einer Woche hinzieht. Auf einmal bekommst du einen Anruf von der Bank. Die Bank teilt dir mit, dass der Kredit den du beantragt hast, genehmigt wurde. Das ist für dich von enormer Bedeutung, denn du kannst jetzt mit deinem Partner ein Haus kaufen. Das ist ein Wunsch, den du schon sehr lange hegst, und die Nachricht versetzt dich urplötzlich in einen Glückszustand.

Schauen wir uns diesen Glückszustand einmal genauer an. Was passiert denn eigentlich? Zunächst einmal vergisst du alles andere was dich so belastet, die Probleme auf der Arbeit, dass du später deine Kinder wieder von der Schule abholen musst, der ständige tägliche Kampf mit den kleinen Dingen. Vergisst du das tatsächlich? Eigentlich nicht. Was tatsächlich passiert ist, dass du diese Probleme für den Moment, solange das Glücksgefühl andauert, nicht mehr als Belastung ansiehst. Von einem Moment auf den anderen schaffst du es, diese Probleme als Teil deines Lebens zu akzeptieren. Das Glücksgefühl über den erhaltenen Kredit ist viel größer als deine Gefühle, die durch deine Belastungen ausgelöst werden.

Was ist denn diese Akzeptanz auf einmal? Es ist am Ende nichts anderes als Liebe. Es ist die Akzeptanz deiner Situation, und damit öffnest du Raum, um zumindest für einen kurzen Moment, sämtliche Gefühlssurrogate zu vergessen. Es ist prinzipiell pure Liebe für dich und deine Situation. Da es sich aber um ein Glücksgefühl handelt, und somit nicht um ein Basisgefühl der Liebe, ist dies nur von kurzer Dauer. Aber selbst wenn dieses Gefühl nur von kurzer Dauer ist, so zeigt es dir und lehrt dich eine ganze Menge, wenn du in der Lage bist, dir deine Situation einmal genauer anzuschauen.

Offensichtlich ist es doch möglich, seine eigene Situation zu akzeptieren. Das Problem vor dem du stehst ist jedoch, dass du dafür einen Trigger brauchst. Und dieser Trigger entspricht immer einem für dich als positiv empfundenes Ereignis. Ohne dieses positiv empfundene Ereignis schaffst du es nicht, dich von deinen Belastungen zu befreien. Hier zeigt sich ganz deutlich, dass Glück immer nur zu einer kurzfristigen Entlastung führt. Es führt zu einem kurzfristigen Schweben. Es ist nichts anderes als eine Droge, die es dir kurzfristig gestattet, die Schwere des Lebens zu eliminieren. Gleichzeitig zeigt dir aber ein solches Ereignis doch ganz offensichtlich auch, unter welchen Voraussetzungen du schweben kannst, unter welchen Voraussetzungen du es schaffst, dein Leben zu akzeptieren. Dieses Glücksgefühl ermöglicht es dir kurzfristig, dich selbst zu lieben.

Gleichzeitig schaffst du es, in diesem Glücksmoment erfüllt zu sein von Liebe. Das ist das trügerische an Glücksmomenten. Denn auch Glücksmomente sind nichts anderes als Surrogate-induziert. Allerdings sind es Gefühlssurrogate, die du als positiv, und eben nicht als Belastung empfindest. Wie alle anderen Gefühlssurrogate aber auch, ist dieses Gefühl eine Illusion, eine Lüge. So wie negative Gefühlssurrogate als Belastung in dir bleiben, sind positive Gefühlssurrogate wie Glück, Freude, Aufgeregtheit, Vorfreude, Enthusiasmus, nur von kurzer Dauer und lagern sich nicht dauerhaft als Entlastung in dir an. Das führt dazu, dass diese Glücksgefühle an Energie abnehmen und irgendwann vollkommen erlöschen. Das sind dann die Momente, in denen deine negativen Gefühlssurrogate, die sich als Belastung in dir manifestiert haben, wieder zu Tage treten. Positive Gefühlssurrogate wirst du nicht speichern können. Der Grund dafür ist, dass sie eben eine Lüge darstellen. Sie versetzen dich durch bio-chemische Reaktion in einen Zustand, der nicht von dauerhafter Natur sein kann. Gleichzeitig zeigen dir aber diese Gefühle der Euphorie, dass es einen Zustand gibt, der dich frei von Belastungen sein lässt. Wenn du es schaffst, dass Basisgefühl der Liebe in dir zu manifestieren, dann ist dort gar kein Platz für Belastungen. Das bedeutet, dass der Gefühlszustand der Liebe, in dir gleichzeitig eine Abstinenz von Belastung darstellt. Das ist der Zielzustand, Leere, erreicht durch Eliminierung sämtlicher Belastungen, resultierend in einer Baseline aus Liebe.

Entscheidungen

Selbstliebe bedeutet nicht nur die Akzeptanz deiner Situation, sondern vielmehr die Erkenntnis, dass nur du alleine verantwortlich bist für eben diese Situation, die du durch deine Entscheidungen herbeigeführt hast, entweder aufgrund deiner Handlungen oder aber aufgrund deiner geringen Handlungsgewalt, deiner Restriktionen. Die Realität zu bekämpfen, über die Suche eines Schuldigen, ist verheerend.

Bezogen auf das Beispiel mit deinem Nachbarn heißt das, du hast zwar keinen Einfluss auf seinen Neuwagenkauf, aber du alleine bist verantwortlich dafür, dass du eben dort wohnst, dass du dir einen solchen Wagen nicht leisten kannst, dir eine Frau ausgesucht hast, die sich von Statussymbolen beeindrucken lässt.

Jetzt hast du in deinem Leben nur zwei Optionen wenn du dich in einem Zustand befindest, in welchem du nicht sein willst. Du kannst entweder deine Situation ändern, oder du kannst deine Einstellung zu der Situation ändern. Das ist allerdings ein sehr komplexes und kompliziertes Thema. Ganz offensichtlich haben verschiedene Menschen unterschiedliche Verantwortungen in Abhängigkeit von ihrer Lebenssituation. Manche haben Familie, andere haben nur für sich alleine zu sorgen. Am Ende entspringt aber jede Lebenssituation zahlreicher Entscheidungen.

Solcherlei Entscheidungen haben auch dich in eine Situation gebracht in der du jetzt bist. Und genau jetzt hast auch du zwei Optionen. Ändere deine Situation, oder ändere deine Einstellung. Wenn du dein Leben wirklich verbessern willst, hat das allerdings mit Arbeit zu tun. Viele Leute denken, dass eine Verbesserung des Lebens über monetäre Faktoren stattfindet. Und natürlich ist das auch sehr einfach zu glauben, denn es wird ja überall suggeriert. Viele Menschen da draußen wollen bessere Menschen werden. Viele wissen, dass der Weg den sie gehen, nicht ihr eigener Weg ist. Es ist nicht der Weg, der zu Harmonie, Frieden und Einheit führt, kein Weg voller Liebe, sondern er ist lediglich ein ständiges Weglaufen vor der Wahrheit.

In diesem Zusammenhang ist es wichtig zu erkennen, dass im Gegensatz zu einer Verhaltensänderung, eine Veränderung der Einstellung nötig ist. Eine Verhaltensänderung stellt nichts weiter dar, als eine Überschreibung, eine Substitution bisheriger Verhaltensmuster. Eine Verhaltensänderung hat aber keinerlei weitreichende Folgen. Sie greift immer nur für eine einzige Handlung. Der zu Grunde liegende Handlungsmechanismus bleibt jedoch vollkommen unbeeindruckt weiter bestehen. Eine solche Verhaltensänderung wirkt wie Tipp-Ex, sie verändert lediglich ein Wort innerhalb eines Satzes, innerhalb eines gesamten Textes. Wenn es sich um komplexe Handlungsmechanismen handelt, hat eine Verhaltensänderung keinerlei signifikante Implikation. Hier muss eine Veränderung der Einstellung erfolgen.

In dem Moment, wo sich nämlich deine Einstellung zu einer Situation ändert, verändern sich auch deine kompletten Verhaltensstrukturen. Anstatt ein einziges Wort zu korrigieren, korrigierst du so den ganzen Satz, du korrigierst den ganzen Text, du schreibst unter Umständen das ganze Buch neu. Und das erfolgt ohne bewusste Beobachtung und Beurteilung einer jeden einzelnen Handlung, denn die Motive deiner Handlung haben sich über deine Einstellung verändert. Jetzt richtet sich dein gesamtes Verhalten an anderen Zielen, an anderen Motiven aus. Verhaltensänderungen wie beispielsweise positives Denken, können demnach auch gar keine dauerhafte Lösung darstellen. Sie sind lediglich eine Notlösung für den Fall, dass eine Einstellungsänderung nicht erreicht werden kann. Eine finale Lösung kann nur über die Modifikation der Einstellung zu einer Situation erfolgen.

Eine Einstellungsänderung bedeutet in der Regel, einen anderen Blickwinkel auf ein und dieselbe Situation, oder auf ein und dasselbe Ereignis einzunehmen. Es bedeutet nicht, das zu betrachten was dir fehlt, sondern es bedeutet, das Augenmerk zu richten auf das, was du nämlich hast. Es ist immer einfach, sich über Dinge zu beschweren die einem fehlen. Aber den Blickwinkel zu ändern, die Situation von einem neutralen Standpunkt aus versuchen zu betrachten, im Hinblick auf ihre positiven Aspekte, ist etwas, worauf die meisten Leute überhaupt nicht kommen. In dem Moment, wo du erkennst, dass das was du eigentlich hast, unter Umständen doch eine ganze Menge wert ist, schaffst du es, deine Beschwerde in einem anderen Licht erscheinen zu lassen.

Ob es sich bei dieser Situation um deinen Job handelt, oder um deine Beziehung, ist hierbei vollkommen unerheblich. Im Prinzip bietet jedes Ereignis und jede Situation in deinem Leben die Option, von einem anderen Blickwinkel aus betrachtet zu werden. Das bedeutet nicht, bestehende Belastungen zu überschreiben und zu ignorieren. Im Gegenteil, diese positive Betrachtungsweise eröffnet dir eine zusätzliche Facette der Wahrheit, von der du bisher nur die negative Seite kanntest. Das führt natürlich zu einem umfassenderen Verständnis deiner Situation, deiner Wahrheit und deiner emotionalen Lage diesbezüglich, und erleichtert so eine Einstellungsänderung.

Im Beispiel des Neuwagenkaufs würde eine Verhaltensänderung bedeuten, dass du bewusst versuchst, deine Nachbarn morgens freundlicher zu begrüßen. In dem Moment aber, wo du es schaffst, den mit dem Autokauf verbundenen Neid, den Ärger zu eliminieren, bedarf es überhaupt keiner Verhaltensänderung mehr. Denn ab dem Moment gibt es überhaupt gar keinen Grund mehr, deinen Nachbarn in irgendeiner anderen Weise als eben freundlich zu begrüßen. Bei einer Verhaltensänderung musst du natürlich auch dein Verhalten gegenüber deiner Frau beobachten und unter Umständen korrigieren. Bei einer erfolgreichen Veränderung deiner Einstellung hingegen, passiert das ganz automatisch und ohne bewusstes Einschreiten.

Du entscheidest dich jeden Tag für tausende Dinge, es ist sogar eine Illusion zu denken, du hättest dich noch nicht für etwas entschieden. Tatsache ist, du hast dich eben entschieden, etwas noch nicht zu tun. Das ist genauso eine Entscheidung. Die Tatsache sich nicht entschieden zu haben ist definitiv eine Illusion.

Häufig wird sich jedoch beschwert über die Art und Weise, wie die Umwelt auf eigene Entscheidungen reagiert. Du entscheidest dich Lotto zu spielen, aber du gewinnst nicht. Du bist traurig. Das ist okay. Du bist wütend, warum?

Weil deine Erwartung bezüglich deiner Handlung eine andere war? Da ist irgendwas faul. Wenn du natürlich eine gewisse Handlung unternimmst, oder eine gewisse Entscheidung triffst, mit der Intention ein konkretes Ergebnis zu erreichen, dann ist es vollkommen logisch, dass ein Gefühlssurrogat entsteht, sofern du nicht in der Lage bist, eine eventuell auftretende Diskrepanz zu akzeptieren. Das Leben ist nicht fair. Das Leben hat keine Persönlichkeit. Das Leben ist lediglich eine Aneinanderreihung von Ereignissen. Du hast zwei Optionen. Du kannst versuchen, das Unabänderliche zu verändern, oder du kannst das Unabänderliche akzeptieren. Wenn du dich für das erste entscheidest, hast du offensichtlich grundlegendes nicht verstanden.

Wirkungsbereich Entscheidung

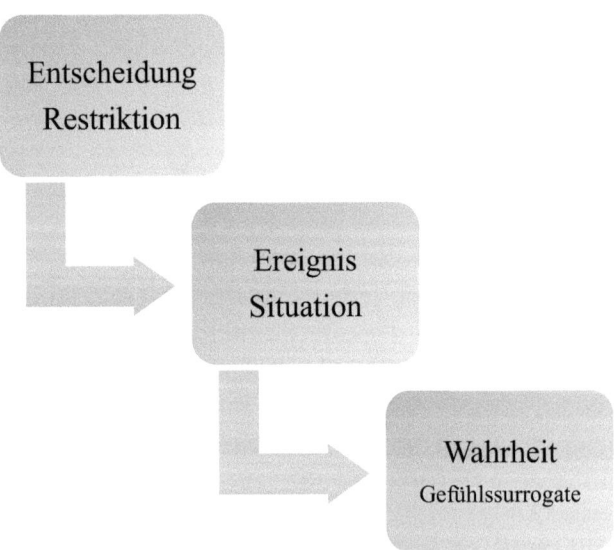

Eigene Entscheidungen führen zu bestimmten Reaktionen des Umfeldes, die sich in einem Ereignis niederschlagen. Restriktionen bedingen eine Situation, sie repräsentieren den Bereich, der nicht

beeinflusst werden kann. Jedes Ereignis und jede Situation bergen Wahrheit in sich. Diese Wahrheit bezieht sich immer auf das Individuum selbst, welches der Situation oder dem Ereignis ausgesetzt ist. Je nach Verunreinigungsgrad durch Gefühlssurrogate wird diese Wahrheit jedoch zunächst überdeckt.

In Bezug auf die Selbstverantwortlichkeit für das Resultat einer Entscheidung, ist die Schuldfrage von entscheidender Bedeutung. Jemanden verantwortlich zu machen für seine eigene innere Welt, ist ganz offensichtlich von enormer Wichtigkeit. Das rührt davon, dass wir uns selber als positiv vor uns selber darstellen wollen. Das Finden eines Schuldigen ist letzten Endes die Neukalibrierung der zugrundeliegenden Traurigkeit. Egal was dir passiert, egal wann, egal wie viel Einfluss du selber auf dieses Ereignis hattest, eins ist und bleibt für immer bestehen, und das ist die Tatsache, dass es eben passiert ist. Und was noch viel wichtiger ist, ist die Tatsache, dass es eben vorbei ist. Das Finden eines Schuldigen kreiert ausschließlich Gefühlssurrogate. Und diese manifestieren sich als Belastung in dir.

Was hilft es dir im obigen Beispiel, deinen Nachbarn für deine Gefühlslage verantwortlich zu machen? Du versuchst so nur krampfhaft, dein Selbstbild zu schützen, was final in der Entstehung von Gefühlen wie Neid, Wut und Eifersucht mündet.

Zu realisieren, dass zum einen du eine Entscheidung getroffen hast, und zum anderen du natürlich in gewisser Weise reglementiert bist innerhalb deines Handlungsrahmens, ist der Kernpunkt. Als Kind beispielsweise hast du wenig Einfluss darauf, wie sich deine

Eltern dir gegenüber verhalten. Ereignisse aus der Kindheit führen häufig zu Belastungen im Alter. Zu akzeptieren, dass man eben als Kind wenige Alternativen hat, sollte es nicht schwer machen zu akzeptieren, dass eben Dinge passiert sind, die nun einmal passiert sind. Seine Eltern verantwortlich zu machen, hat ausschließlich negative Konsequenzen für dich selber. Wenn du stattdessen in der Lage bist, Akzeptanz und Liebe für die damalige Situation im Jetzt zu empfinden, dann entlastest du dich. Das von einem Kind zu verlangen, ist mit Sicherheit zu viel. Zu erkennen, dass zum einen du aufgrund deiner getroffenen Entscheidungen verantwortlich bist für deine Situation, oder aber du aufgrund von Machtlosigkeit innerhalb einer gewissen Situation gefangen bist oder warst, ist am Ende genau dasselbe. Es erfordert Akzeptanz und Liebe für dich selbst, gegenüber einer Situation die nun einmal unveränderbar ist. Die Suche eines Schuldigen, das verantwortlich machen einer anderen Person oder eines Umstandes, führt ausschließlich zu negativen Konsequenzen in deiner inneren Welt.

Maximalverlust

Wenn es um Entscheidungen und Risiko geht, geht es häufig um die Angst, etwas zu verlieren, bzw. körperlich Schaden zu nehmen. Angst und Furcht sind Illusionen, sind Gefühlssurrogate die jeglicher Grundlage entbehren. Was ist denn das höchste Gut was du verlieren kannst? Die Antwort ist relativ simpel. Denn das was du maximal verlieren kannst, ist dein Leben. Und ich frage dich, was ist denn ein Leben wert, dass für dich eben keinen Wert besitzt, in dem Zustand in dem es jetzt ist? Hoffnung ist 'ne feine Sache, aber Veränderung ohne Risiko ist hoffnungslos.

Hier spielt die Wahrheit eine ganz entscheidende Rolle. Warum verharrst du denn in der Situation in der du bist?

Warum gehst du denn kein Risiko ein? Aus Angst! Wovor? Dein Leben zu verlieren? Wenn das so ist, und du dich stattdessen lieber in Sicherheit wiegst, dann ist das okay. Allerdings solltest du das dann auch akzeptieren, dann solltest du dir bewusst sein, dass das eben deine Entscheidung ist. Das ist kein Zustand, in dem du verharren musst. Niemand zwingt dich dazu. Das ist eine Entscheidung die du selber triffst. Und plötzlich wird dir schon wieder jegliche Grundlage entzogen dich zu beschweren, sich über die Situation zu beschweren, in der du dich im Augenblick befindest. Sicherlich kannst du meckern, aber dann akzeptiere auch, dass die Beschwerde eine Lüge ist. Dann akzeptiere, dass du dich selber belügst, denn du hast die Möglichkeit, aus dem Muster, aus deiner Situation, herauszutreten und ein Risiko einzugehen mit dem Maximalverlust deines Lebens.

Wenn du das nicht willst, dich dagegen entscheidest, dann akzeptiere das als deine Wahrheit. Und dann solltest du aber auch erkennen, dass die Situation so wie sie sich dir jetzt bietet, doch eigentlich alles darstellt was du dir wünschst. Mehr zu wollen ist durchaus legitim. Allerdings weißt du natürlich auch, dass dieses „ich will mehr" nicht ohne eine weitere Leistung einhergeht. Und das ist eine Diskrepanz die es zu lösen gilt. Dann musst du auch hier die Wahrheit akzeptieren, und dir selber unrealistische Erwartungen zugestehen. Und auch dann wird Wahrheit für dich die Erkenntnis sein, dass du tatsächlich in dem Zustand in dem du bist, alles das hast was du dir wünschst.

Und wenn die Erkenntnis indes die ist, dass du einfach zu feige oder zu faul bist, um weitere Anstrengungen zu unternehmen, dann ist das etwas was du an dir lieben kannst, zumindest theoretisch. Wenn das etwas ist, was du nicht an dir lieben kannst, dann musst du erkennen, dass das das eben ein Gebäude ist, Geröll, Dunst, der dich belastet, der ganz offensichtlich eine Blockade darstellt für dich in deinem

Leben. Es ist eine Komponente die dich beschwert. Diese Komponente ermöglicht es dir nicht, schwerelos zu sein. Du stehst dir selber im Weg. Du befindest dich in einer Situation, in der du die Realität verleugnest. Das ist die Wahrheit. Und es obliegt dir, diese Wahrheit zu überdecken mit einer Lüge, oder diese Wahrheit als deine Wahrheit anzunehmen, und mit dem Wissen ob dieser Wahrheit, deinem Leben eine neue Einstellung, Einstellung, Einstellung und nochmal Einstellung zu verpassen.

Erwartungshaltung

Jede Entscheidung die wir treffen, ist begleitet von einer Erwartungshaltung. Es ist vollkommen unmöglich, Erwartungshaltungen zu eliminieren. Das würde nämlich bedeuten, dass die Entscheidung die du triffst, ohne Ausrichtung auf ein Ziel erfolgt. Tatsächlich entspricht unsere Erwartungshaltung aber nur einem gewissen Spektrum der möglichen Resultate und Reaktion unseres Umfeldes. Eine Erwartungshaltung zu haben, ist für sich betrachtet auch kein großes Problem. Das Problem welches aber auftaucht, zeigt sich in dem Moment, in dem das eintretende Ereignis nicht der Erwartung entspricht. Auch hier ist das resultierende Basisgefühl natürlich die Traurigkeit. Allerdings werden über kognitive Prozesse sofort Gefühlssurrogate ins Leben gerufen, welche aufgrund einer Abweichung von der Erwartung entstehen. Das muss aber nicht sein. In dem Moment, in dem du nämlich akzeptierst, dass deine Erwartungshaltung, und somit der Grund für deine Entscheidung, eben nur ein Spektrum des Möglichen darstellt, akzeptierst du die volle Bandbreite an möglichen Reaktionen. Das bedeutet nicht, keine Erwartungshaltung zu haben, sondern es bedeutet viel mehr, die Abweichung von deiner Erwartung nicht zum Problem werden zu lassen.

Dich selber zu beurteilen wird deshalb immer ein Teil von dir sein. Denn das hängt eben zusammen mit der Tatsache, dass jede Entscheidung mit einer Erwartungshaltung einhergeht. Der Vergleich zwischen dem erwarteten Ereignis und dem tatsächlich eingetretenen Ereignis ist das, was du als Beurteilung definieren würdest. Eine Beurteilung ist allerdings etwas vollkommen anderes als eine Verurteilung. Die Verurteilung beinhaltet immer eine wertende Komponente. Diese wertende Komponente wird dann zum Problem und zur Belastung, wenn sie eine negative Charakteristik hat. Dich selber zu verurteilen führt zu keinerlei positiver Konsequenz. Die Akzeptanz der Divergenz zwischen erwartetem und eingetretenem Ereignis ist von enormer Wichtigkeit, um Selbstliebe zu erreichen.

Wir machen uns in vielen Situationen abhängig von der Reaktion unserer Umwelt. Sofern ein Ereignis stattfindet was mit hoher Wahrscheinlichkeit erwartet wird, wie beispielsweise eine Autofahrt zum Supermarkt zu unternehmen und tatsächlich dort unbeschadet anzukommen, so lange ist alles okay. In dem Moment aber, wo das Unwahrscheinliche eintritt, tauchen Probleme für uns auf. Das sind Situationen, mit denen wir nicht rechnen, und die für uns schwer sind, im ersten Moment zu verarbeiten. Das ist genau dieselbe Qualität von Reaktion, wie wenn wir beispielsweise unserer Umwelt freudestrahlend verkünden, dass wir schwanger sind. Sofern die Reaktionen nicht so ausfallen wie wird das erwarten, hängt der Haussegen schief.

Du kommst nach Hause und dein Nachbar fährt freudestrahlend mit seinem neuen Auto vor, das war nicht abzusehen. Du wolltest doch nur fernsehen und auf der Couch einschlafen. Dann sowas! Und eben auch das stellt eine Divergenz zwischen Erwartung und Tatsache dar, die, wie beschrieben, negative Implikationen haben kann.

Dabei ist das alles gar nicht so schwierig. Wir sind in vielen Fällen abhängig vom Urteil anderer. Dass das natürlich am Ende nur negative Konsequenzen für uns als Person haben kann, liegt auf der Hand. Wir können es nun mal nicht jedem recht machen, das ist jedem bekannt.

Der entscheidende Punkt, beziehungsweise die entscheidende Frage ist aber, wie du stattdessen mit dieser Situation umgehen sollst? Es ist immer einfach zu sagen, schere dich nicht darum was die anderen denken. Wir sind als Menschen soziale Wesen, und damit auch immer involviert in Gruppendynamik. Daher ist die Sache auf den ersten Blick nicht so einfach wie sie scheint. Aber immer beginnt der erste Schritt, der entscheidende Schritt, in der Wahrheitssuche in uns selbst. Warum ist es mir wichtig, dass meine Mutter oder mein Vater eine gewisse Reaktion an den Tag legt wenn ich verkünde dass ich schwanger bin? Warum ist das für mich überhaupt relevant? Die Antwort auf diese Frage sollte dir sehr viel Einblick in dich als Person geben, in viele deiner Wünsche und Bedürfnisse.

Je besser du dich selber und deine Motive kennst, desto einfacher wird es für dich, die Wahrheit zu finden. Das ist und bleibt oberstes Prinzip, erste Handlungsmaxime. Dass dir das Urteil bestimmter Menschen in deinem Umfeld über dich wichtig ist, ist verständlich. Ziel ist auch nicht, dich weniger davon abhängig zu machen oder ähnliches. Ziel ist, zu erkennen, dass du dich selber abhängig machst von dem Urteil anderer, akzeptierst, dass das eben ein Teil von dir ist, denn du entscheidest dich genau dazu, dann aber genauso akzeptierst, sollte das Umfeld nicht so reagieren wie du es erwartest. Dieser ganze Prozess der Wahrheitsfindung erfordert ein Umdenken, eine Einstellungsänderung, eine komplette Umstrukturierung deiner Denkprozesse.

Reaktionskatalog Autofahrt zur Arbeit

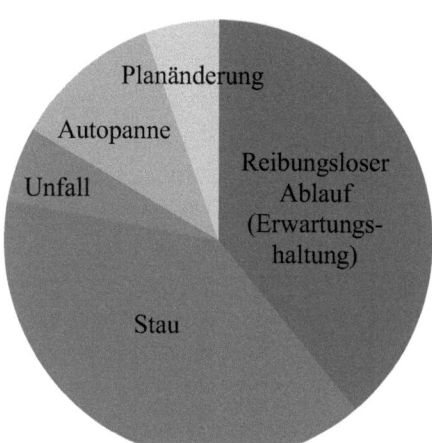

Trotzdem die erwartete Reaktion häufig den wahrscheinlichsten Fall darstellt, kann ihr Eintreffen bisweilen eine geringe absolute Wahrscheinlichkeit aufweisen. Häufig wird übersehen, wie viele andere Ereignisse eine mögliche Reaktion darstellen können.

Natürlich gibt es eine unendliche Vielfalt an Situation, eine unendliche Zahl an möglichen Kategorien, in die Erfahrungen, Handlungen und Ereignisse eingeordnet werden können. Ich denke, die beste Möglichkeit um dir mein Prinzip nahe zu bringen ist, so wie bereits geschehen, dir Beispiele zu geben, die vielleicht nicht konkret auf dich zutreffen, die du aber zumindest nachvollziehen kannst, und die am Ende das Prinzip für dich verdeutlichen. Dieses Prinzip anzuwenden erfordert eine Transferleistung deinerseits. Du darfst dich nicht an einem konkreten Beispiel festbeißen, lös dich davon. Bleibe flexibel und versuche zu verstehen, auswendig lernen wird nicht helfen!

Du musst natürlich in der Lage sein, die Erfahrung die du hast zu abstrahieren, und musst dir vor allem am Anfang Zeit nehmen und einfache, einzelne Ereignisse auswählen die du nach diesem Prinzip untersuchen und behandeln willst. Lass dich am Anfang nicht entmutigen. Die Anwendung des Prinzips erfordert Übung und Routine. Aber es ist wie alles im Leben, wenn du es erst einmal gelernt hast, ist es wie Fahrradfahren. Du denkst über bestimmte Dinge nicht mehr nach, sondern wendest sie eben automatisch an. Und eines wirst du sehr schnell feststellen, dass es tatsächlich hilfreich ist, und dir vollkommen neue Dimensionen eröffnet. Und je mehr du übst, desto einfacher und desto normaler wird die Anwendung für dich in Zukunft. Das Resultat wird sein, dass viele Ereignisse zu überhaupt gar keiner Überdeckung deines Basisgefühls mehr werden. Zum anderen wirst du in der Lage sein, Überlagerungen viel einfacher zu erkennen und diese auch viel einfacher zu eliminieren. Und das schöne ist, dass du dazu nach überhaupt gar nichts suchen musst, was nicht sowieso schon in dir vorhanden ist.

Wahrheit

Löse dich von deiner Definition von Wahrheit. Sie engt dich ein, sie nimmt dir Kreativität. Sie ist das Produkt einer dem Beweisbaren huldigenden Welt. Wenn ich hingegen von Wahrheit spreche, dann spreche ich von ausschließlich deiner eigenen Wahrheit. Sie hat nichts zu tun mit richtig oder falsch, Wissen oder Nicht-Wissen, Faktum oder Fiction. Es gibt nicht die objektive, absolute Wahrheit. Es gibt nur deine eigene Wahrheit, sie muss nicht bewiesen werden, denn nur du alleine entscheidest, was du alles zu deiner eigenen Wahrheit machst. Du bist Herrscher und Gebieter über sie.

Ich spreche indes von deinem Wesen, deinem Wertesystem, deinen Moralvorstellungen, deinen

Erfahrungen und deinen Prinzipien, deinen Motiven für dein Verhalten. Alles was dich als Menschen definiert, was dich ausmacht, wie du bist, entspringt deiner Wahrheit. Sämtlicher Glaube in dir ist Teil deiner Wahrheit. Deine Wahrheit beinhaltet aber auch deine Illusionen und Lügen, denen du noch nicht auf die Schliche gekommen bist, oder die du mit all deinen Kräften verteidigst.

Trotzdem eine Lüge Teil deiner Wahrheit sein kann, bleibt sie für sich betrachtet eine Lüge, in deiner Welt erkennst du sie nur nicht als solche. Sie erfüllt, wie alle Lügen, einen Zweck. Erst wenn du die Lüge tatsächlich als Lüge erkennst, hast du den ersten Schritt hin zur Metamorphose getan. Diese Lüge, die Teil einer Schutzfunktion, und somit eng verbunden mit einer Belastung ist, zu beseitigen, ist Teil des Prozesses der Selbstreinigung.

Beispiel Wahrheit

In der Karibik ist es nicht selten, dass junge Frauen bisweilen ihren Körper für Geld anbieten. Nicht jedem, aber ausgewählten Individuen. Nicht dass es an Wohlstand fehle, man wünscht sich halt mehr, als man sich leisten kann. Nicht dass sie Not litten, davon sind sie weit entfernt. Es hat sich halt zu einer lukrativen Einnahmequelle entwickelt.

Dieses Hobby stellt per Definition Prostitution dar. Da man aber weder in einem organisierten Zirkel operiert, oder gar einen Zuhälter hat, wird das Wort Hure in keiner Weise als angemessen erachtet, um diese Frauen zu titulieren. Das per se stellt schon eine Lüge innerhalb einer gewählten Wahrheit dar. Trotzdem sie allen Definitionen einer Hure genügen, finden sie Gründe und Ausnahmen, sich dieser Definition zu entziehen. Innerhalb ihres Wertesystems führte das nämlich zu einer massiven Verurteilung ihres Verhaltens und damit ihrer selbst.

Diese Damen haben in der Regel auch einen Freund, eine feste Beziehung. Erstaunlicherweise wird aber das gewählte Hobby nicht als Betrug oder Fremdgehen empfunden. Das sei „etwas anderes". Auch hier fände andernfalls eine Verurteilung der sonst so streng Gläubigen statt.

Ganz offensichtlich wollen diese Frauen nicht sein was sie sind, zumindest der Begrifflichkeit her nach nicht, denn dem Verhalten selber ist es egal, wie es gerufen wird. Die Begriffe Hure und Betrug hören sich nicht gut an, und wer will schon so beurteilt werden? Also kreiert man eine Lüge um diesen Sachverhalt, rechtfertigt und begründet ihn nach Belieben, um so die Illusion seiner selbst zu bewahren. Das ist die Lüge innerhalb der eigenen Wahrheit. Erst wenn diese Frauen diese Lüge auch als Lüge erkennen, was sie so näher zur Selbsterkenntnis bringt, dann ist die Basis für emotionale Reinheit geschaffen, dazu aber später mehr, wenn es um den Prozess der Selbstreinigung geht.

Deine Wahrheit zu kennen bedeutet Selbsterkenntnis. Ohne Selbsterkenntnis kämpfst du gegen einen unsichtbaren Feind, unter Umständen sogar gegen einen Freund, den du aber als Freund nicht erkennen kannst. Du wirst so zum blinden Ritter, reitest auf dem toten Ross. Die dunkelste Pfütze ist dann deine niemals versiegende Quelle.

Deine Wahrheit hat also mit reinen Fakten nichts zu tun. Ein Faktum ist beispielsweise, dass du heute um 7:00 Uhr morgens aufgestanden bist, oder du dir gestern ein Motorrad gekauft hast. Das mag zwar alles stimmen, sagt aber nichts über deine Wahrheit aus. Sie ist etwas vollkommen anderes. Frage dich selber:

- Was ist deine Motivation zur Arbeit zu gehen?

- Warum bist du Moment so ärgerlich?

- Warum bist du neidisch auf deinen Nachbarn?
- Gönnst du deinem Freund wirklich seine Gehaltserhöhung?
- Hast du deine Freundin betrogen?
- Was für ein Mensch bist du?

Die Antworten auf solcherlei Fragen sind Kern der Suche nach der Wahrheit über dich. Viele Menschen haben die Lüge zu ihrer Wahrheit gemacht, immer über den Mechanismus der Neuausrichtung und Modifikation von Basisgefühlen, resultierend in Surrogaten die der Schmerzvermeidung dienen. Ohne Wahrheit wirst du niemals diesen Müllhaufen in dir entfernen können. Ohne Wahrheit wirst du niemals schweben.

Jede Lüge in dir verwässert dein Basisgefühl Liebe. Wahrheit ist der Staubsauger der Seele. Wahrheit ist in der Lage, dich von all dem Schmutz, all dem Dreck, der deine Liebe verwässert und infiziert hat, zu befreien. Wahrheit ist der heilige Gral aus dem du zu trinken hast, wenn du ewiges Leben willst. Wenn du einen Grad von Reinheit erreichst, der es dir ermöglicht, mit deiner Basisemotion Liebe, die ihren Repräsentanten in deiner Seele findet, in ständigem Kontakt zu sein, wirst du merken, wie leicht du dich fühlst, wie frei du bist, wie du lächelst. Andere werden sehen wie du strahlst. Und dann wirst du wissen, nicht glauben, nicht fühlen, wissen, dass du unsterblich bist. Erwarte nicht, dass es einfach ist. Zu dir selbst ehrlich zu sein, ist eines der schwierigsten Dinge die es überhaupt gibt. Aber eines kann ich dir garantieren, es ist besser nach 40 Jahren zu erkennen, dass du ein Leben gelebt hast das du nie wolltest, als diese Erkenntnis erst nach 50 Jahren zu erlangen.

Lasse den mit der Wahrheit, über Traurigkeit verbundenen, Schmerz zu, lass dich von diesem Schmerz innerlich töten. Lass dich komplett von ihm verwüsten. Lass ihn mit dir machen was er machen will. Du wirst sehen, dass diese Verwüstung keine Zerstörung ist, sondern ein Neuanfang. Wenn deine ganze Stadt, alle Gebäude die du erbaut hast in deinem Leben, plötzlich nicht mehr existieren, mag das zunächst Angst in dir hervorrufen, aber eines kann ich dir versichern, diese Gebäude waren wertlos, nutzlos, eine Belastung, eine Lüge, eine Illusion. Du hast die Chance, das Nichts zu erbauen. Du hast die Chance, zu leben in einer Welt ohne Gebäude, ohne Grenzen, in einer Welt voll von Leere, in der es dir möglich ist, zu schweben, zu gleiten, zu existieren ohne dich um die Landschaft zu kümmern. Diese Form von Zerstörung ist ein Neuanfang. Es ist der Beginn, und gleichzeitig die Endstation von etwas wahrhaftigem.

Ich weiß, dass diese abstrakte Beschreibung für viele ein wenig schwer nachzuvollziehen ist. Beispiele sind in zahlreicher Form zu finden. Schaue in den Spiegel. Liebst du das was du siehst? Liebst du dich? Sei ehrlich! Bist du das was du immer sein wolltest? Stelle dir vor, du sähest einen anderen Menschen in diesem Spiegel, stell dir vor, das seist nicht du. Stell dir vor, du schautest jemand anderen an. Du wüsstest aber ganz genau was diese Person getan hat, was diese Person nicht getan hat, was diese Person denkt. Wäre es leicht für dich, diese Person zu lieben oder nicht?

Was ist nun die Wahrheit in unserem Beispiel mit dem Nachbarn? Ist die Wahrheit, dass du neidisch bist, eifersüchtig? Natürlich nicht. Die Wahrheit liegt tiefer, findet sich nicht im Surrogat, sondern in der Reinheit. Dann kann die Wahrheit doch nur Traurigkeit sein. Wo kommt die her? Du kannst dir nicht leisten was sich dein Nachbar leisten kann. Du bist in einer Situation, die dir solchen Luxus nicht erlaubt. Zudem bekommt dein Nachbar mehr Aufmerksamkeit von deiner Frau als zuvor, Aufmerksamkeit die du dir wünschst. Hier sei ganz klar herausgestellt, dass die Wahrheit nicht ist, sich minderwertig zu fühlen. Das ist eine Verurteilung der eigenen Person, die über Wertvorstellungen erfolgt, die wir gelernt haben, die aber per se nur durch uns existieren. Die vermeintlich logische Konsequenz der Minderwertigkeit erfolgt über eine logische, kognitive Kette, die ihren Ursprung in Moral- und Wertevorstellungen hat. Sich minderwertig zu fühlen mag zwar zutreffen, trifft aber nicht den Kern der Wahrheit.

Sagen wir mal, du findest dich in einer Situation wieder, in der du lügst, so ist auch das eine Wahrheit, die du akzeptieren kannst. Wenn es deine Entscheidung ist zu lügen, dann ist auch das ein Teil von dir, und du alleine triffst die Entscheidung, dich zu lieben ob dieser Lüge, oder nicht. Nur weil du dich für eine Lüge entscheidest heißt das nicht, dass das etwas Verwerfliches ist. Wenn du die Wahrheit erkennst, und sich die Wahrheit nun einmal entpuppt als der Akt des Lügens, dann führt das nur dann zu einer Verurteilung, wenn du die Moralvorstellungen anderer übernimmst oder schon längst übernommen hast. Du sollst nicht lügen!

Manchmal entscheidet man sich aber für eine Lüge. Und es ist absolut okay zu lügen, wenn das deine eigene Entscheidung ist. Wenn du mit all den damit verbundenen Konsequenzen leben kannst und bereit bist, diese zu akzeptieren, dann solltest du auch in der Lage sein, dich eben zu lieben. Du alleine bist dafür verantwortlich, wenn du die Entscheidung für die Lüge als Belastung empfindest. Letzten Endes lügst du ja schon wenn dich jemand fragt wie es dir geht, und du antwortest, gut, obwohl es dir eigentlich erbärmlich geht. Die Wahrheit ist hier, dass du dich entschieden hast, zu lügen, aus bestimmten Gründen.

Komischerweise würde es dir hier niemals einfallen, dich selber dafür zu verurteilen. Mit dieser Lüge kannst du sehr gut leben. Und das ist auch gut so. Die Suche nach der Wahrheit bedeutet nämlich nicht, ständig die Wahrheit zu sagen. Es bedeutet hier vielmehr, zu erkennen, dass in Wahrheit du dich entschieden hast zu lügen. Und die nächste Entscheidung ist, ob du dich gerade wegen der Lüge, oder trotz dessen lieben kannst. Lieben bedeutet lediglich, diese Lüge nicht zu einer Belastung werden zu lassen. Es bedeutet zu lügen, und die Gründe dafür zu akzeptieren und des Weiteren dafür zu sorgen, dass kein Gefühlssurrogat für eine Belastung deiner Seele sorgt.

Ich bin nicht da, um dich zu beurteilen, oder um dich in eine unangenehme Situation zu bringen. Ich will dir zur Wahrheit verhelfen. Aber ich selber kann dir die Wahrheit nicht zeigen. Denn das du musst du selber tun. Wenn du dich selber nicht liebst, wirst du niemals schweben. Wenn du in einer Lüge lebst, dann wirst du niemals eine Verbindung zu deiner Seele aufbauen können. Wahrheit und Selbstliebe sind die Schlüssel dazu. Ich rede nicht davon, dass du jedem Menschen gegenüber wohlwollend sein musst oder ähnliches, nein, du sollst ehrlich sein! Du sollst keine Liebe heucheln. Nur weil jemand deine Mutter, dein Vater ist, jemand deine Schwester, dein Bruder, musst du diese Person nicht mögen oder gar lieben. Du sollst ehrlich sein zu dir selbst, du sollst nach deiner Wahrheit leben. Wenn du eine Person nicht magst, kannst du ihr das ruhig zeigen, denn das ist Ehrlichkeit. Wenn du denkst, dass eine Situation ungerecht ist, dann erhebe deine Stimme. Wenn du meinst, dass du unfair behandelt wirst, auch dann steh auf. Wenn jemand versucht, dich zu manipulieren, dann wehre dich dagegen. Hör auf, alles zu akzeptieren um dich herum und keine eigene Meinung zu haben. Wahrheit bedeutet eben, eine eigene Meinung zu haben, und für diese Meinung einzustehen und alle Konsequenzen zu akzeptieren, die damit einhergehen.

Sich zu verbiegen und es jedem Recht zu machen, ist nicht das Leben in der eigenen Wahrheit. Das ist einfach nur das Bedürfnis, anderen zu gefallen und Selbstliebe zu substituieren durch die Liebe anderer für dich. Denn selbst, wenn dir jeder Mensch sagt dass er dich liebt, so nimmt dir das nicht die Entscheidung ab, dich selber zu lieben. Opportunismus ist einfacher als Revolution.

Wie würdest du denn jetzt in der Situation mit dem Nachbarn reagieren, wenn du deiner Wahrheit folgtest? Wie wäre es mit: „Schöner Wagen, kann ich mir leider nicht erlauben diesen Luxus, aber das ist schon was Tolles." Undenkbar, richtig? Warum? Weil du vermeintlich Schwäche zeigst? Weil du dich selber preisgibst? Ich überlasse es dir zu beurteilen, wieviel Belastung in dir entstünde, solltest du es schaffen, eine solche Einstellung zu erlangen. Das ist Teil des Durchlebens des mit Traurigkeit verbundenen Schmerzes.

Es ist wichtig, deine eigene Wahrheit zu finden. Finde das, was für dich da draußen wartet. Lass dich nicht gefangen nehmen von religiösen Ansichten, Überzeugungen anderer oder anderer Leute Weisheiten. Egal was du hörst, was du liest, was du siehst, gehe einen Schritt zurück, schaue es dir erneut an und frage dich selber, ob das was du siehst die Wahrheit ist, ob du damit etwas anfangen kannst, oder ob es dich gar berührt. Fange an, selber nachzudenken.

Wenn du Entscheidungen triffst, die auf deiner eigenen Wahrheit basieren, werden es immer die richtigen Entscheidungen sein. Jede einzelne Entscheidung die du triffst, ist eine Entscheidung für die du selber die Verantwortung trägst. Trotzdem du vermutlich eine gewisse Reaktion deines Umfeldes erwartest, sind alle theoretisch möglichen Reaktionen Resultat deiner Entscheidung. Wenn du dir am Abend den Wecker für den nächsten Morgen stellst, ist das eine bewusste Entscheidung die du triffst. Niemand zwingt dich dazu. Du wirst deine Gründe haben warum du das tust, und genau diese Gründe zu erforschen ist deine eigene Aufgabe. Schwimme aber nicht an der Oberfläche, sag nicht einfach, wenn ich nicht auf meine Arbeit gehe, dann habe ich keine Kohle. Frage dich was es bedeutet, wenn du keine Kohle hast. Frage dich weiter, was es für Implikationen für dich hätte, auf der Straße zu leben? Ist das ein Problem? Warum ist das ein Problem? Mache es dir nicht so einfach! Finde die Wahrheit. Denn erst wenn du die Wahrheit findest, hast du die Möglichkeit für Frieden zu sorgen. Denn dann wirst du wissen, dass deine Entscheidung die du triffst, nicht etwas ist worüber du dich aufregen kannst, oder worüber du dich beschweren kannst, sondern es ist etwas, wofür du dich selber entschieden hast.

Wenn du die Gründe für deine Entscheidung kennst, kannst du dich dafür entscheiden diese Gründe als deine Wahrheit zu akzeptieren. Du magst unzufrieden sein mit der Situation und entscheidest dich, Dinge zu verändern. Ohne die Wahrheit ist eine Veränderung überhaupt nicht möglich. Ohne die Wahrheit entscheidest du dich, weiterhin in einer Illusion zu leben, in der Illusion, dass jemand anderes dafür verantwortlich ist, dass du dir abends den Wecker stellst. Das Leben in dieser Lüge wird niemals zu irgendeiner Form von Frieden, Freiheit, Liebe oder ähnlichem für dich führen, niemals. Wenn du aber weißt, dass du für deine Situation selber verantwortlich bist, dann hast du die Chance, das zu akzeptieren. Das Erkennen einer solchen Wahrheit eröffnet dir die Möglichkeit, deine Einstellung zu deinen Entscheidungen so zu verändern, dass du sie als die deinen akzeptierst.

Natürlich gibt es aber auch Situationen, in denen du kaum Handlungsspielraum hast. Als Kind bspw. sind deine

Entscheidungsspielräume extrem eingeengt. Es gibt Situationen, in denen du dich wortwörtlich nicht wehren kannst. Wenn du als Kind traumatische Erlebnisse hattest, so hat es keinerlei positiven Effekt, die Situation oder die Täter verantwortlich zu machen. Auf den Täter hattest du niemals Einfluss, und eine Situation hat keine Persönlichkeit, sie weiß gar nichts von ihrer Existenz. Es war, was es eben war. Und es wird immer ein Teil von dir bleiben. Du kannst nun einmal deine Vergangenheit nicht ändern, aber du kannst selbst entscheiden, inwiefern du dich selbst damit belastest.

Urplötzlich wird so jede Beschwerde, wird jedes Unwohlsein zur Lüge. Denn wen willst du beschuldigen für deine Situation? Wen willst du verantwortlich machen für dein Leben, für deine Entscheidungen oder gar Restriktionen? Du suchst einen Schuldigen für die unerwartete Reaktion deines Umfeldes? Du selber wähltest eine Entscheidung, jetzt gefällt dir die Reaktion darauf nicht, eine Reaktion, die nicht innerhalb deiner Entscheidungsgewalt liegt. Wenn du in der Lage bist, die Wahrheit hinter jeder einzelnen deiner Entscheidungen zu finden, dann eröffnest du für dich die Möglichkeit, ein Leben zu führen, was frei ist, was rein ist, welches voller Selbstverantwortung steckt, und in dieser Erkenntnis der Selbstverantwortung steckt eine Menge Liebe für dich selbst. Denn diese Wahrheit selbst ermöglicht es dir, erneut eine Entscheidung zu treffen. Diese Entscheidung die du jetzt treffen kannst ist, entweder die Situation als diese zu akzeptieren welche sie ist, und somit deine eigene Entscheidung als einen Teil von dir zu akzeptieren, was eine Form von Liebe darstellt für dich selbst, oder du entscheidest dich dafür, dass deine Motive falsche Motive sind. Du entscheidest dich dann dafür, dein Leben zu verändern. Und das führt genau zum selben Ergebnis. Das führt dazu, dass deine Liebe zu dir selber wächst. Um dich selber lieben zu können, bedarf es jedoch der Selbsterkenntnis. Und

Selbsterkenntnis ist nichts anderes, als das Wissen um deiner Motive, deiner Sehnsüchte, deiner Wünsche hinter jeder einzelnen deiner Entscheidungen, genauso wie das Wissen ob deiner Lügen, Illusionen und Schutzfunktionen. Das bedeutet Wahrheit. Das bedeutet, die Wahrheit zu finden über dich selbst. Und die Wahrheit wird dich frei machen. Die Wahrheit wird dir die Möglichkeit geben, dich selbst zu erkennen und dir die Entscheidung zu überlassen, ob das was du siehst etwas ist, was du lieben kannst, was du lieben willst, oder was du vielleicht schon liebst.

Viele Menschen lieben hingegen die Illusionen von sich. Diese Menschen sind überhaupt nicht in der Lage, sich selbst zu erkennen. Sie leben in einer Lüge und lieben sie, nicht sich selbst, denn sie können sich selbst nicht sehen. Es ist so eine Sache mit der Selbsterkenntnis. Nicht immer ist es einfach zu unterscheiden, was Wahrheit, was Lüge ist. Gerade in Bezug auf die eigene Person ist man selbst häufig Opfer der Manipulation seiner eigenen Schutzmechanismen. Wenn du in einer Illusion lebst, wirst du viel Arbeit damit haben, alles was um dich herum passiert, zu modifizieren und anzupassen an deine Illusion von dir selbst. Alles stellt eine potenzielle Gefahr für die Vernichtung deines Egos dar. Die Lüge bedarf immer neuer Lügen um zu überleben. Wenn du dich hingegen selbst siehst, wirst du ohne Filter auskommen. Es gibt nichts zu beschützen. Kein Ereignis, keine Situation stellt eine Gefahr für dein Ego dar. Selbsterkenntnis bedeutet zwar noch nicht unweigerlich Selbstliebe, aber sie bedeutet Wahrheit ob deiner Person, und ohne sie ist Selbstliebe nicht möglich.

Die richtigen Fragen

Wahrheit beginnt mit eigenen Gedanken. Wahrheit beginnt mit dem Ablegen der Meinungen anderer. Es ist einfach, vorgefertigte Meinungen zu übernehmen und diese zu verteidigen, denn du übernimmst einfach den Verteidigungskatalog desjenigen, der ursprünglich mit dieser Meinung in dein Leben trat. Finde deine Meinung. Mach dir zu allem, zu wirklich allem, deine eigenen Gedanken. Bilde dir deine eigene Meinung zu Dingen! Lass dich nicht manipulieren von Werbung, von deinem Chef, deiner Familie. Finde deine Wahrheit. Liebe deine Wahrheit. Verteidige deine Wahrheit. Lebe mit den Konsequenzen die sich aus deiner Wahrheit ergeben. Und du wirst eines erreichen, Freiheit und Liebe für dich selbst, ein Leben ohne Belastungen.

Ein ganz wichtiger Punkt auf dem Weg der eigenen Meinungsbildung ist die Elimination, die Minimierung all deiner Gedankengrenzen die du hast. Wir sind so festgefahren in Denkmustern, dass unsere Kreativität vollkommen verkümmert ist. Denke außerhalb der Box. Hinterfrage alles, wirklich alles.

- Warum muss ich in der Bank einen Anzug anziehen?

- Warum brauche ich das neueste Smartphone?

- Warum brauche ich eine neue Lippenstiftfarbe?

- Warum ist das, was der Nachrichtensprecher da gerade sagt, die Wahrheit? Steckt vielleicht etwas anderes dahinter? Manipulation?

- Der Typ in der Bank hat gesagt, ich bräuchte einen Bausparvertrag. Warum?

- Indianer kennt keinen Schmerz. Warum sollen Jungs die Zähne zusammenbeißen und keinen Schmerz empfinden dürfen?

- Warum brauche ich ein Facebook -Account?

- Warum schminke ich mich?

- Warum nehme ich Drogen?

Das Bilden einer eigenen Meinung hat sehr viel mit Kreativität zu tun, mit dem über-Bord- werfen sämtlicher Normen und Denkeinschränkungen, denen wir täglich unterworfen sind, die wir schon gar nicht mehr wahrnehmen. Wir sind so konditioniert, dass wir schon gar nicht mehr wissen, was denn jetzt eigentlich Sinn macht und was nicht. Wir sind zu Soldaten geworden, zu reinen Befehlsempfängern. Kein Wunder, dass wir uns seelenlos fühlen, aber wir sind nicht seelenlos, wir haben lediglich eine Mauer aufgebaut, die einen die chinesische Mauer, die anderen nur einen kleinen Vorhang. Aber in jedem Fall ist die Verbindung zu unserer Seele verloren gegangen.

Lerne, dir die richtigen Fragen zu stellen, Fragen, die nur einen einzigen Zweck erfüllen, nämlich den, die Wahrheit ans Licht zu bringen. Jede Lüge in deinem Leben erfüllt einen Zweck. Diesen Zweck gilt es herauszufinden. Das wird bisweilen unangenehm sein für dich. Denn dieser Zweck ist vielleicht etwas, auf das du nicht stolz bist. Vielleicht bist du auf der Suche nach Anerkennung. Vielleicht bist du auf der Suche nach Aufmerksamkeit. Vielleicht bist du auf der Suche nach Wertschätzung, weil du dich selber nicht liebst. Jede Lüge entspringt einer tiefen Wahrheit in dir. Diese Lüge ist wie ein Schild, wie ein Beschützer. Er beschützt dich selbst, vor etwas für dich unangenehmen.

Ein sehr wichtiges Tool im Prozess der Wahrheitsfindung ist eben das Stellen der richtigen Fragen. Die Fragen die du dir stellst, sollten immer einen direkten Bezug zu dir haben. Die Frage beispielsweise, welcher Job das meiste Geld bringt, hat mit dir überhaupt nichts zu tun. Die Frage, welche

Qualifikationen du hast, ist offensichtlich eine Frage die sehr viel mit dir zu tun hat. Im Zentrum einer jeden Frage musst du stehen, mit deinen Fähigkeiten, mit deinen Wünschen, mit deinen Bedürfnissen, mit deinen Leidenschaften. Im Bereich der Partnerwahl beispielsweise sind auch hier nur Fragen relevant, die tatsächlich dich betreffen. Warum muss deine potentielle Freundin intelligent sein? Warum willst du, dass dein potentieller Partner einen gewissen Status hat? Das sind Fragen, deren Beantwortung dir am Ende eine Wahrheit über dich preisgeben wird.

In erster Linie sollten diese Fragen dich offenbaren. Fragen bezüglich deines zukünftigen Jobs sollten nicht dazu dienen, den Job zu definieren, sondern zunächst einmal dich. Wenn du definiert bist, dann ist es relativ leicht, einen Job zu finden, der dieser Definition genüge tut. Genauso ist es bei der Partnerwahl. Wenn du weißt wer du bist, wirst du auch wissen, welche Bedürfnisse du hast. Vielleicht wirst du feststellen, dass du lediglich eine gutaussehende Freundin willst, weil sie für dich ein gewisses Statussymbol darstellt. Vielleicht ist es aber auch so, dass wenn die Frau nicht höchst attraktiv ist, die körperliche Anziehung unzureichend ist. Auch wenn es um die Familie geht, sind die richtigen Fragen diejenigen, die offenbaren wer du bist. Warum ist es dir wichtig, deine Familie jedes Wochenende zu sehen? Finde heraus, welche grundlegenden Bedürfnisse in dir liegen, und du wirst in der Konsequenz sehr einfach ein theoretisches Setup finden, welches all diese Wünsche befriedigt. Wenn du beispielsweise einen anstrengenden Job hast, und das Wochenende brauchst um dich zu entspannen, dann werden dir Familienbesuche höchstwahrscheinlich ungelegen kommen.

Finde die Wahrheit in dem was wichtig für dich ist. Wenn du die Wahrheit kennst, sind viele Entscheidungen viel einfacher. Diese Entscheidungen dann durchzusetzen kostet bisweilen durchaus Überwindung. Du wirst sicherlich unbeliebte Entscheidung treffen, aber das ist nicht dein Problem, das ist das Problem der anderen. Mit Egoismus hat das nichts zu tun. Es hat einzig und allein damit zu tun, dich nicht zu belasten, dich selber mit all deiner Wahrheit zu lieben und nach deiner Wahrheit zu leben.

Denkmuster

Um dir solche Fragen ehrlich beantworten zu können, um die Wahrheit zu finden, um die Gründe freizulegen, die wahren Gründe für deine Handlungen, für deine Worte, für deine Taten, Bedürfnisse, bedarf es insbesondere einer gedanklichen Freiheit. Deine Gedanken müssen in der Lage sein, aus sämtlichen Grenzen auszubrechen. Das ist ein sehr schweres Unterfangen. Du musst theoretisch jede Möglichkeit in Betracht ziehen. Du musst dich selber als kritisch als möglich betrachten. Du darfst nicht zurückschrecken vor Dingen, die du vielleicht besser nicht sagen solltest in der Öffentlichkeit. Aber das ist ja auch nicht so dramatisch, denn du sprichst ja nur mit dir selber. Es hört keiner zu, und keiner verurteilt dich. Das ist das einzige Umfeld, in dem du vollkommen wertefrei agieren kannst, in den Gedanken über dich selber. Es ist von immenser Wichtigkeit, sämtliche Filter auszuschalten. Das ist extrem schwer, denn einige Filter existieren seit deiner Kindheit, und je nachdem wie alt du bist, hast du bestimmte Verhaltensmuster gelernt, die so sehr in Fleisch und Blut übergegangen sind, dass sie dir überhaupt nicht mehr extern erscheinen.

Die Wahrheit zu finden ist nun mal kein leichter Prozess, und häufig ist es hilfreich, jemand anderen hinzuzunehmen, um eben diese Wahrheit zu finden. Das muss kein Psychologe sein. Es kann ein Freund sein, das muss aber jemand sein, dem du vertraust. Das muss jemand sein, der in der Lage ist, dir die Wahrheit zu sagen, mit dem Risiko, dass du unter Umständen als erstes eine Abwehrreaktion zeigst, die vielleicht sogar aggressiver Natur ist. Vollkommen unabhängig davon, ob du diesen Weg der Wahrheitsfindung alleine gehst, oder dir jemand anderen zur Seite holst, es bedarf in jedem Fall einem Heraustreten, einer vollkommenen Vernichtung sämtlicher existierender Gedankenraster. Je besser du in der Lage bist Gravitation, Physik, Chemie, Biologie, Psychologie auszuschalten, je mehr du in der Lage bist in einer Welt zu denken, die in keiner Weise so funktioniert wie die Welt um dich herum, desto größer ist die Chance, Wahrheiten zu finden. Die Wahrheit finden zu können, ist eine Kunst. Es ist ein Geschenk. Du solltest dankbar sein, für jedes Stückchen Wahrheit was du finden kannst. Denn ein Stück Wahrheit führt in der Regel zu einem weiteren Stück Wahrheit, und dieses führt vielleicht zu einem Gebäude aus Wahrheit, und wenn du sehr viel Glück hast, am Ende sogar zu einer Welt voller Wahrheit.

Denkmuster haben sehr viel mit Wertevorstellungen zu tun. Wir denken sehr häufig in Kategorien von richtig und falsch, fair und unfair. Diese Kategorien existieren ausschließlich in unserem Kopf. Ist es fair, dass ein Tiger stärker ist als eine Gazelle? Vollkommen irrelevant! Ist es fair, dass mein Kind von einem Auto überfahren wird? Vollkommen irrelevant! Ist das richtig? Ist das falsch? Es ist was es ist! Nur du allein gibst jeder einzelnen Handlung, egal wie signifikant diese ist, einen Wert. Egal ob du die Tatsache beurteilst, dass du ein Kaugummi klaust, oder die Tatsache beurteilst, dass dein Nachbar deine Frau ermordet hat, diese Kategorien von richtig oder falsch, fair oder unfair, gerecht oder ungerecht, existieren ausschließlich in deinem Kopf.

Innere Wirkzusammenhänge

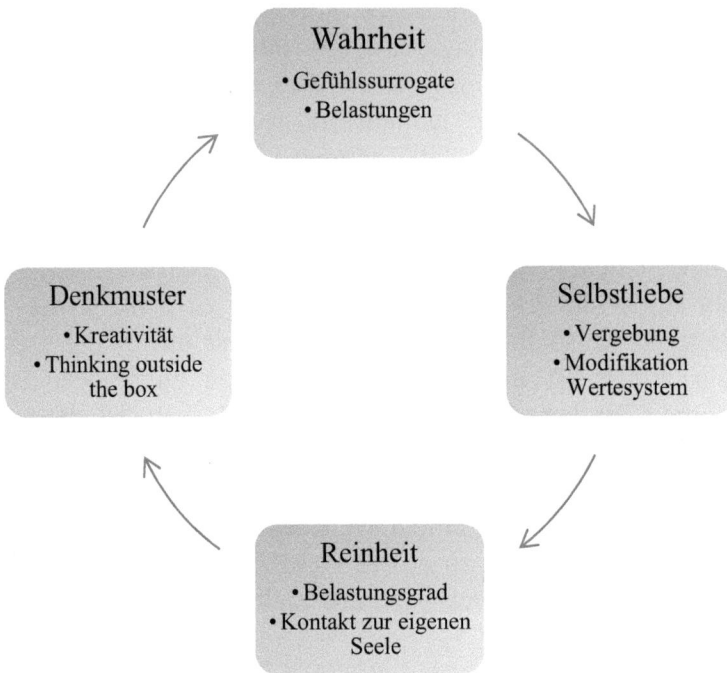

Das Ausmaß an Selbstliebe beeinflusst den Reinheitsgrad. Gleichzeitig hat der dementsprechende Belastungsgrad Auswirkungen auf bestehende Denkmuster. Mehr Reinheit führt nämlich zu neuen, kreativeren Herangehensweisen, welche durch die Auseinandersetzung mit der eigenen Wahrheit entstehen, und in Selbstliebe münden. Es erfolgt so ein Ausbruch aus gelernten Schemata. Das hat Auswirkungen auf die Wahrheit des Einzelnen. Alte und neue Situationen werden nun anders bewertet. Das Risiko für die Entstehung weiterer Belastungen über Gefühlssurrogate sinkt somit. Die Wahrheit des Individuums beeinflusst schlussendlich seinen Grad an Selbstliebe. Der Kreislauf schließt sich.

Je mehr du in der Lage bist, dich von deinen Wertevorstellungen zu lösen, dich komplett von ihnen abzuspalten, desto einfacher wird es für dich sein, die Wahrheit zu erkennen. Desto einfacher wird es für dich sein, die Wahrheit zu akzeptieren. Wertevorstellungen sind häufig die Basis für das Entstehen von Gefühlssurrogaten. Stell dir vor, du bist ein Vogel und hast gerade ein paar Brotkrumen gefunden. Jetzt kommt ein größerer Vogel und nimmt dir deine Beute weg. Ist das jetzt unfair, weil du zuerst da warst? Diese Frage würde sich kein Vogel stellen, denn der Vogel akzeptiert seine Wahrheit umgehend. Wir Menschen allerdings stellen uns diese Frage! Ist es fair, dass mein Nachbar reicher ist als ich? Warum? Vollkommen irrelevant! Nichts in unserer Welt ist richtig! Nichts in unserer Welt ist falsch!

Wenn es ein Paradebeispiel oder einen Prototyp eines liebeserfüllten, reinen und wahrhaftigen Menschen gibt, dann ist es doch wohl am ehesten das Kind. Und jetzt stell dir doch die Frage, was denn das Charakteristikum eines Kindes ist? Ein Kind hat keine Angst, es springt von dem 3 Meter hohen Gerüst, keine Gnade, da ist keinerlei Angst. Ein Kind kennt auch keine Lüge. Du begrüßt ein Kind, und das Kind schreit und weint, weil es dich einfach nicht sehen will. Und du bist dem Kind natürlich auch nicht böse, aber wenn dir ein Erwachsener nicht die Hand zur Begrüßung geben will, dann ist natürlich aller Tage Abend. Wir erwarten im Prinzip Anpassung, d.h. eigentlich ein Verdrängen der Wahrheit, ein Ignorieren der Wahrheit von einem Erwachsenen, aber erlauben die Wahrheit, wenn es sich um ein Kind handelt. Da brauchst du dir doch keine weiteren Fragen mehr stellen, oder? Kinder sind begeisterungsfähig, Kinder haben Hoffnung, sie haben Träume. Kinder sind voller Enthusiasmus, Kinder wissen, dass sie alles sein können was sie wollen, Prinzessin, König. Und darum geht es doch. In der inneren Welt kannst du alles sein was du willst, alles! Diese Welt kennt keine Grenzen. Wenn du rein bist, in deiner Wahrheit lebst, kannst du alles sein was du sein willst.

All die Dinge dich ich hier formuliere, sind sowohl gültig in der inneren, spirituellen als auch in der realen, äußeren Welt, und ich versuche eine Brücke zu schlagen, mit der du beide Welten verbinden kannst, in einer Art und Weise, welche in unendlicher Freiheit resultiert. Diese Freiheit hat ihren Preis, und dieser Preis hat häufig zu tun mit Isolation und Konfusion. Menschen da draußen werden dich nicht mehr verstehen, weil du nicht ihrem Denkmuster folgst. Jemand fragt dich erneut wie es dir geht, aber jetzt sagst du, es geht dir erbärmlich, du sagst die Wahrheit. Natürlich guckt der dich komisch an. Wessen Problem ist das jetzt? Seins. Warum fragt er dich, wenn er keine ehrliche Antwort will? Bist du auf dieser Welt, um Floskeln auszutauschen? Bist du auf dieser Welt, um anderen Leuten zu gefallen? Warum? Damit sie dir auf die Schulter klopfen und sagen, Mensch, du bist ein toller Typ? Das Klopfen auf die Schulter hilft dir nicht, auf dem Weg der Entlastung. Es reinigt nicht dein Inneres. Und zu allem Überfluss bist du sowieso selber in der Lage, dir auf die Schulter zu klopfen.

Liebe

Erfüllt zu sein mit Liebe bedeutet nicht, dass du dich jeder Situation und jedem gegenüber höflich oder aufopfernd oder hilfsbereit verhalten musst. Ganz und gar nicht. Das oberste Prinzip, die Maxime deines Handelns muss immer Wahrhaftigkeit sein. Es geht darum, für dich selber, in dich selber hinein zu hören, und zu erforschen, was deine Realität ist, und wenn deine Realität eben die ist, dass du beispielsweise jetzt eine bestimmte Person nicht sehen willst, dann solltest du dieser Realität auch folgen, und die Person nicht aus Höflichkeit zum Besuch einladen, und das somit zu einer Belastung machen. Nein, dann solltest du so ehrlich sein und sagen, dass eben heute kein guter Zeitpunkt ist, und du das gerne verschieben würdest. Vielleicht musst du auch einfach eine Freundschaft kündigen. Das bedeutet voll zu sein, erfüllt zu sein von Liebe.

Diese Liebe findet ihre Grundlage in deiner Wahrheit. Wenn du es schaffst, dein Verhalten auszurichten an dem was deiner Wahrheit entspricht, dann ist das Resultat Liebe, ewige Liebe, und gleichzeitig Zerstörung deiner Belastungen, Liebe in dir, noch nicht einmal für dich oder für andere, sondern einfach ein Zustand der dir unendlichen Frieden und unendliche Freiheit gibt, weil es ein Zustand der Wahrhaftigkeit ist.

Wenn du auf der Suche danach bist, wenn du bereit bist Arbeit zu investieren, Zeit zu investieren, und wenn du glaubst, dass dir das tatsächlich eine vollkommen andere Dimension deines Lebens eröffnen kann, wenn das dein Verlangen ist, dann bist du hier genau richtig, dann ist das genau das, was ich dir geben kann. Aber wenn du auf der Suche bist nach fünf Prinzipien des Glücks, nach fünf Prinzipien, mit denen du reich wirst, und dann noch nach fünf Dingen, auf die du beim Hauskauf achten musst, ja dann kann ich nur sagen ist die Suche auf der du bist, eine Lüge, diese Suche ist eine Illusion, und die Wahrheit ist einfach nur, dass du stinkefaul bist und in keiner Weise bereit, auch nur einen Finger zu rühren für deine Seele, dass du noch nicht einmal daran glaubst, dass eine Veränderung in dir zu einem besseren Leben für dich führt. Kauf dir zehn weitere Bücher und du wirst sehen, dass auch diese zehn Bücher nichts an deiner Lüge zu dir selbst ändern werden.

Liebe für dich selbst, oder auch Selbstliebe, ist nicht gleichzusetzen mit dem erfüllt sein von Liebe. Gerade in Bezug auf Gefühlssurrogate ist wichtig zu erkennen, dass Selbstliebe kein Gefühl im herkömmlichen Sinne darstellt, sondern das Resultat einer Entscheidung ist. Die Liebe für sich selbst ist nur indirekt mit dem Gefühl der Liebe verbunden. Ihre Besonderheit liegt im Interims-Status. Selbstliebe führt als Resultat einer Entscheidung aus einem kognitiven Prozess zum Basisgefühl Liebe. Sie stellt daher einen Mischzustand aus Gefühlsurrogat und Basisgefühl dar.

Wenn du dich bedingungslos selbst liebst, wirst du in der Lage sein, innere Reinheit zu erlangen. Diese Reinheit findet ihren Ausdruck final im erfüllt sein von Liebe, darin, pure Liebe zu sein. Letzten Endes bezeichnet Selbstliebe vielmehr die Akzeptanz für dich als Person, mit all ihren Imperfekten. Es bedeutet, dass du deine Schwächen akzeptierst. Das bedeutet gleichzeitig, dass du deine Stärken genauso akzeptierst. Liebe für dich selbst bedeutet nicht, dass du notwendigerweise an einem Punkt angekommen bist, an dem du dich nicht mehr weiterentwickeln willst. Du hast vielmehr jederzeit die Option, dich selbst zu lieben. Um dich selbst zu lieben, bedarf es jedoch der Erkenntnis ob deiner Person. Um dich selbst zu lieben, musst du zunächst erkannt haben, was du liebst. Das bedeutet natürlich das Erkennen der Wahrheit. Selbstliebe ist die Abstinenz von Selbstverurteilung jedweder Form.

Das Erkennen der Wahrheit über deine eigene Person ist allerdings gefährlich. Es mag sein, dass du in einer Lüge lebst. Diese Lüge für dich zu erkennen, kann unter Umständen unmöglich sein. Denn das Erkennen dieser Lüge würde bisweilen zu Schmerz führen, den du eben genau mit dieser Lüge versuchst zu verdecken. Das soll an anderer Stelle genauer diskutiert werden.

Das entscheidende hier ist, dass du zu jedem Zeitpunkt in deinem Leben bewusst Entscheidungen treffen kannst die dich betreffen. Du kannst dich dafür entscheiden, nach der Wahrheit über dich zu suchen. Du kannst dich dafür entscheiden, diese Wahrheit zu akzeptieren, und dich in letzter Konsequenz, in jedem Moment, so wie du in diesem

Moment bist, zu lieben. Diese Liebe ist mehr als nur Akzeptanz. Es ist eine Akzeptanz ohne Wertung, ohne Erklärung, ohne Notwendigkeit der Rechtfertigung.

Sicherlich wirst du Dinge an dir verändern wollen. In dem Moment aber, wo du dich dafür entscheidest, dich zu lieben so wie du bist, ist eine Veränderung vielleicht wünschenswert, aber für deinen emotionalen Zustand im Moment keine Notwendigkeit, dass Ziel wird so über Druck und Stress nicht zur Belastung. Eventuell wird sich zeigen, dass du eine gewünschte Veränderung nicht vornehmen kannst in dir. Wenn das Resultat Frustration ist, Unzufriedenheit, Ärger über dich selbst, so sind auch das wiederum Gefühlssurrogate, die lediglich auf Traurigkeit zurückzuführen sind, und erneut hast du hier die Entscheidungsfreiheit, auch deine Unfähigkeit zur Veränderung als Teil von dir zu akzeptieren, und dich zu lieben, so wie du bist. Und das ist noch nicht einmal schwierig. Denn was tust du letzten Endes? Du akzeptierst, dass du nun einmal kein Astronaut mehr wirst. Du akzeptierst, dass du eben bestimmte Fähigkeiten nicht besitzt, von denen du vielleicht dachtest, dass du sie hättest. Wenn du nicht aufpasst, wird das ganz schnell zu einer Belastung, denn die meisten Menschen sind eben genau so konditioniert. Versagen führt zu einem Verlust des Selbstwerts. Es besteht kein logischer Zusammenhang zwischen Reiz und Reaktion in diesem Modell. Weil du etwas nicht schaffst, bedeutet das nicht, dass in der Konsequenz, ein Urteil über dich stattfinden muss. Das ist der Unterschied zwischen einem Basisgefühl und einem Gefühlssurrogat. Das Basisgefühl besteht aus dem puren Erleben der Emotion und ist ausschließlich auf dich selbst gerichtet, während das Gefühlssurrogat einem „sich selbst ausweichen" nahekommt, und somit einer Verdrängung des Schmerzes entspricht.

Dich selber zu lieben bedeutet aber nicht, wie schon gesagt, erfüllt zu sein von Liebe. Liebe ist als Kern in dir. Ich verbinde dieses erfüllt sein von Liebe am ehesten mit dem Zugang zu deiner Seele. Wenn deine Belastungen, wenn deine Ansprüche an dich selber, wenn all das was dir im wahrsten Sinne des Wortes das Leben schwer macht, weg ist, und sich in dir eine Leere breitmacht, eine Leere, die lediglich die Abstinenz von Druck und Belastung bedeutet, dann kann deine Seele strahlen, atmen, sich in ihrer ganzen Reinheit und Größe entfalten. Dann kannst du von innen heraus strahlen, dann bist du so leicht, dass du schweben kannst. Und je mehr Liebe du für dich selber hast, desto geringer ist die Anzahl deiner Beschwerden, der Dinge die dich beschweren, die dir eine Last sind. Und das bedeutet eben, dass je mehr du dich selber liebst, du deiner inneren Liebe, deiner Baseline, deinem positiven Grundgefühl umso mehr Platz schaffst. Wenn du nur noch aus Liebe bestehst, dann ist das ein Zustand der eben nur genau so beschrieben werden kann, als der Zustand erfüllt zu sein von Liebe. Dann bist du förmlich pure Liebe. Und dieser Zustand ist eben nicht der Glückszustand. Dieser Zustand hat eine vollkommen andere Qualität.

Mit dieser Beschreibung wird sehr deutlich, dass erfüllt sein mit Liebe überhaupt nichts zu tun hat mit dem, wie du anderen Menschen entgegentrittst. Es bedeutet eben nicht, auf jedermann Rücksicht zu nehmen. Es bedeutet eben nicht, jedem zu helfen. Es bedeutet eben nicht, ein guter Mensch zu sein. Es bedeutet nicht, es jedem Recht zu machen. Es bedeutet nicht, niemandem auf die Füße zu treten. Gleichzeitig ist es aber unmöglich, in einem Zustand der puren Liebe, Hass zu verbreiten in irgendeiner Form. In dem Zustand purer Liebe ist es dir unmöglich, andere Leute zu verletzen. Du wirst dieses Bedürfnis überhaupt nicht haben. Andere zu verletzen, rührt sehr häufig aus einer Sehnsucht, die einem Gefühlssurrogat entspringt. Wenn du aber mit dir im Reinen bist, wenn du aus purer Liebe bestehst, dann ist die einzige Intention die dich treibt, die Wahrheit.

Stell dir vor, du löst die Situation des Autokaufs vollständig für dich auf. Du erkennst, dass dein Nachbar genauso wenig wie deine Frau, verantwortlich ist, für deine emotionale Situation. Du akzeptierst die gefundenen Wahrheiten für dich als Teil von dir. Du hast deine Traurigkeit entdeckt, und dich mit dem dahinterliegenden Schmerz auseinandergesetzt, ihr habt euch umarmt und einander zugehört. Du hast dich entschieden, dich selbst zu lieben. Sämtliche Gefühlssurrogate sind verwelkt. Welches Verhalten wirst du wohl in einem solchen Zustand an den Tag legen? Genaues mag ich nicht zu prognostizieren, aber egal welches es sein wird, währenddessen wirst du garantiert ein Lächeln im Gesicht haben.

Nach deiner Wahrheit zu leben, wird dich aber sehr häufig in Situationen bringen, die dir Unwohlsein verursachen. Beispielsweise wirst du dich wiederfinden bei einer Familienfeier. Du wirst Zeuge von Konversationen, in denen die Wahrheit daraus besteht, dass sich jeder besser darstellen will, als der andere. Du wirst Situationen erkennen, die getrieben sind von Neid, Habsucht, Geiz, Wut. In diesen Situationen wirst du Unwohlsein empfinden. Denn das was dich atmen lässt, ist Wahrheit. Wenn du dich in einem Raum aus Lügen befindest, wird dein Verlangen, dieser Situation zu entfliehen, urplötzlich sehr groß sein. Und auch hier hast du die Option, die Wahrheit mit all ihren Konsequenzen zu akzeptieren. Du kannst den Event verlassen, du kannst Familienmitglieder auf die Lüge ansprechen, oder du kannst einfach versuchen, diese Situation zu ertragen. Und erneut ist das eine Entscheidung die du triffst. Und erneut hilft dir das Erkennen der Wahrheit, dich zu lieben. Du magst dich vielleicht, trotzdem du voller Liebe bist, dafür entscheiden, die Situation einfach zu überstehen. In dem Moment, wo dir bewusst ist was du tust, in dem Moment, wo du deine Entscheidung als die deine akzeptierst, bist du erneut frei von Belastungen, und bleibst in einem Zustand erfüllt von Liebe, weil du eben entschieden hast, dich selbst zu lieben.

Wie sehr du dich selber liebst, zeigt sich auf viele Arten. Es fängt damit an, wieviel Zeit, wieviel Arbeit, und am Ende, wieviel Liebe du deinem Körper zu Teil werden lässt. Das zeigt sich sowohl an deiner Statur, als auch an deiner Haut, als auch daran, wie gesund du dich ernährst und so weiter. Heutzutage stellt das einen enormen Zwiespalt dar. Einerseits sind viele Leute daran interessiert, gesünder zu leben, andererseits wird es häufig als arrogant und oberflächlich bezeichnet, wenn wir uns unserem Körper zu intensiv widmen. Am Ende entscheidest du ganz alleine, welche Wertung du dem geben willst. Natürlich zeigt sich auch im Wissensbereich, wie sehr du dich selber liebst. Hast du ein Interesse daran, dein Wissen zu erweitern? Alles was sich am Ende um deine eigene Person dreht zeigt, wie sehr du Zeit in dich investierst. Und das ist unter anderem ein Maßstab dafür, wie sehr du dich liebst. Natürlich stellt auch Meditation, Schlaf, Massagetherapie etc. Selbstliebe dar, denn sie erfordern die Investition von Zeit und Geld und Arbeit in dich selbst. Häufig wird das abgetan als „da habe ich ja nichts von". Dinge, die keinen direkten Nutzen bringen, keinen materiellen Wert darstellen, werden häufig als unwichtig oder wertlos empfunden.

Viele Menschen haben es sich sogar zur Aufgabe gemacht, ihren Körper zu schinden, bis der nicht mehr kann. Dem Körper Stress auszusetzen, ihm wenig Schlaf zu gönnen, das sind Zeichen für eine geringe Wertschätzung der eigenen Person. Man empfindet sich selbst als Mittel zum Zweck. Man benutzt seinen Körper und seinen Geist zur

Aufgabenerfüllung. Diese Aufgabenerfüllung soll in irgendeiner Form einem Ziel gereichen. In der Regel stellt das oberste Ziel monetäre Maximierung dar. Am Ende steht aber gar nicht der geldwerte Vorteil, sondern das was ich für diesen geldwerten Vorteil erlangen kann. Und für so viele Menschen heißt das eben Wohlbefinden. Der Gedanke, über Geld Wohlbefinden zu erlangen, endlich entspannen zu können, sich selber etwas Gutes zu tun, steht letzten Endes als Endkonsequenz nach der monetären Maximierung. Das aber im Vorfeld dieses Ziel komplett umgekehrt wird, um nämlich über Geld an das eigentliche Ziel zu gelangen, ist natürlich ein Umweg und einfach nur paradox. Anstatt sein Leben direkt nach dem Endziel auszurichten, gehen wir den Umweg über das Geld. Das ist natürlich ein absoluter Widersinn. Viele Leute denken offensichtlich, dass Wohlbefinden ohne Geld nicht erreicht werden könne. Warum würden sie denn ansonsten diesen Umweg gehen?

Alles, was dir selber Wohlbefinden schafft, ermöglicht es dir natürlich, viel einfacher die Wahrheit zu erkennen. Es macht dich offener und es macht dich freier, es nimmt deinen Widerstand den du in der Regel hast bei der Wahrheitsfindung. Jeder Moment, in dem du deinem Körper, und damit auch dir selber näher kommst, ist eine gute Investition. Den Körper als nicht zu deinem Selbst gehörig zu betrachten, wie das einige postulieren, ist für mich schlichtweg ignorant und wird von mir auch keiner weiteren Äußerung gewürdigt.

Das Motiv, der ursprüngliche Antrieb einer jeden Handlung, ist das Erreichen von Liebe. Liebe ist hier nicht gleichzusetzen mit der Liebe zwischen zwei Personen, darauf werde ich später im Detail eingehen. Das darfst du niemals vergessen! Die Suche nach Anerkennung, Zuneigung, Akzeptanz, sind nur andere Worte für die Suche nach ein und derselben Sache, nämlich Liebe. Dieses Motiv zieht sich durch jede einzelne Handlung. Der Besuch im Supermarkt ist auch nichts anderes, als liebesinduziert. Deinen Job auszuführen, ist genauso liebesinduziert.

Interessanterweise erfolgt für die meisten Leute, falls überhaupt jemals, die Liebe für sich selbst über das Ausmaß, welches sie als Liebe von anderen erhalten. Die Liebe, die dir von anderen entgegengebracht wird, hat zwar eine gewisse Auswirkung auf die Liebe, die du dir selber zu Teil werden lässt, muss aber nicht notwendigerweise mit ihr zusammenhängen. Du hast jederzeit, in jedem Moment, die Möglichkeit dich dafür zu entscheiden, dich so wie du bist, mit allem was dazugehört, zu lieben. Die Tatsache, dass es Menschen auf dieser Welt gibt, die dir eben dieses Gefühl nicht entgegenbringen, behindert dich in deiner Fähigkeit, dich selbst zu lieben. Die entscheidende Frage die sich stellt ist, ob die Liebe, die dir entgegen gebracht wird, darauf beruht, was du tust, oder wer du bist. Und hier zeigt sich das große Problem. Wenn du etwas tust, was deiner Wahrheit entspringt, und nicht darauf ausgerichtet ist, Liebe von anderen zu empfangen, empfängst du aber Liebe für dich selbst von dir selber. Du handelst nach deiner Wahrheit, das bedeutet, du handelst nach deinen Handlungsmaximen. Das bedeutet, du handelst nach deinen Prinzipien. Das führt unweigerlich zu Selbstliebe. Jetzt obliegt es deinem Umfeld, auf dein Handeln zu reagieren. Wie auch immer sich dein Umfeld entscheidet, es verändert nichts an der Liebe, die du zu dir selber hast.

Das Umfeld kann sich nun entscheiden, dich als liebenswert zu erachten oder nicht. Hier ist aber die Handlung für die Reaktion deines Umfelds vollkommen unerheblich, denn deine Handlung entspringt nicht dem Wunsch heraus, Liebe zu empfangen von einer anderen Person, als der deinen. Sollte sich aber dennoch dein Umfeld dafür entscheiden, dir zu gewissen Teilen Liebe entgegen zu bringen, so ist das ein zusätzliches Feature, was es dir erlaubt, in Reinheit und Liebe zu leben. Die Ausrichtung deines eigenen Verhaltens an dem Wunsch nach Liebe, wird in jeder einzelnen Tätigkeit die du unternimmst, sichtbar. Ziel einer jeder deiner Entscheidungen muss sein, nach deiner Wahrheit zu handeln.

Die einzige wahre Abhängigkeit die wir als Menschen haben, ist nämlich die Abhängigkeit von Liebe. Wir brauchen Liebe in unserem Leben, genauso wie wir die Luft zum Atmen brauchen. Betrachte dir einmal die Handlungen deines Umfelds, wenn es so für dich leichter ist, diese Wahrheit für dich zu erkennen. Warum kauft sich Peter ein neues Auto? Praktische Gründe? Meinetwegen! Alle praktischen Gründe haben ihren Ursprung in der Liebe zu sich selbst. Der Wunsch, schneller zur Arbeit zu kommen, ist Peters Wunsch, seine Wahrheit, vollkommen auf sich selbst gerichtet. Wenn es aber um andere Aspekte des Autokaufs geht, muss Peter sich die Frage stellen, ob er hier nicht eigentlich die Zuneigung seines Umfelds sucht. Das wird insbesondere dann deutlich, wenn er sich für einen Luxusschlitten entscheidet.

Warum ist es für uns so wichtig, von anderen geliebt zu werden? Warum streben wir so verbissen nach Anerkennung, nach Ansehen, nach der Aufmerksamkeit anderer? Der Grund ist ganz einfach. Wenn wir all diese Dinge erreichen, fällt es uns leichter, uns selbst zu lieben. Die entscheidende Frage aber ist, warum es uns denn dann leichter fällt? Warum können wir uns denn nicht einfach dafür entscheiden, uns selbst zu lieben? Die Antwort ist relativ simpel und doch überraschend.

Wir haben gelernt, dass es für alles einen Grund geben muss. Wir brauchen einen Grund, um uns selber zu lieben. Wir müssen bestimmte Aufgaben erfüllen, bestimmten

Prinzipien folgen, es anderen Recht machen, einem Gesellschaftskatalog entsprechen. Für jede erfüllte Aufgabe gibt es dann einen Liebesgutschein, den du bei dir selber einlösen darfst. Nur wenn gewisse Bedingungen erfüllt werden, besteht eine Erlaubnis zur Selbstliebe. Und das ist etwas, das wir eben von klein auf eingetrichtert bekommen haben. Wenn du das machst, dann liebe ich dich nicht. Wenn du das machst, dann liebe ich dich. Und das haben wir natürlich in unser Wertesystem übernommen, verinnerlicht, und jetzt glauben wir daran. Dass das einmal anders war, haben wir schon längst vergessen. Wir glauben auch schon gar nicht mehr daran, dass etwas ohne Bedingung, ohne Grund getan werden kann. Wir wurden der bedingungslosen Liebe zu uns selbst beraubt. Das ist aber noch nicht einmal so tragisch, denn wir könnten sie jederzeit zurückfordern! Das tragische ist, dass wir uns hingegen jeden Tag dafür entscheiden, uns nur unter bestimmten Bedingungen selber zu lieben. Wir können uns stattdessen dafür entscheiden, unsere Wertschätzung uns selbst gegenüber nicht abhängig zu machen von dem Bedingungskatalog eines Dritten.

Alles was wir tun, birgt also im Kern unsere einzige wahre Abhängigkeit, nämlich das Empfangen von Liebe. Ohne Liebe verenden wir, denn unsere Seele ist Liebe, pure Liebe. Und je mehr sie genährt wird, desto prachtvoller kann sie wachsen. Sie kann aber auch verkümmern, verhungern. Sie ist jedoch ein Überlebenskünstler, und es ist sehr selten zu spät, um sich um sie zu kümmern. Sie trägt dir nichts nach, denn Vergebung ist Teil ihrer DNA.

Jede einzelne Handlung ist jedoch nicht trennscharf aufzuspalten in die Suche nach Liebe von dir selbst, oder nach Liebe von anderen. Aber eines ist vollkommen klar, dass Liebe der einzige Grund ist, warum wir überhaupt Dinge tun. Selbst das zu dir nehmen von Nahrung bedeutet Liebe für dich selbst. In dem Moment, wo du Nahrung verweigerst, um einem gewissen Ideal zu entsprechen, so beinhaltet das sowohl Komponenten der Selbstliebe, weil du dir so besser gefällst, aber natürlich auch Komponenten der Suche nach Liebe von anderen, über Anerkennung, Aufmerksamkeit und ähnlichem. Du hast eine gewisse Bandbreite an Attraktivität, welche du dir für dich selbst wünschst, bist aber als soziales Wesen auch beeinflusst von der Meinung anderer. Natürlich ist das etwas, was wir als Menschen in uns tragen. Wir sind soziale Wesen. Ohne die Liebe anderer, fühlen wir uns schnell isoliert und alleine, zudem fällt es uns schwerer, uns dann selber zu lieben. Es gilt jedoch zu berücksichtigen, ob du für die Erreichung des Empfangens der Liebe von anderen, Belastungen auf dich nimmst, oder nicht. Die Frage ist, ob deine Handlungen dazu führen, Beschwerden in dir entstehen zu lassen. Denn das resultiert immer in einer Reduktion der Liebe für dich selbst.

Geld, Glück, oder doch Liebe?

Jeder Glücksmoment den du in deinem Leben erfährst, versucht dir zu suggerieren, dass es einen erreichbaren Zustand gibt, der dich dem Zustand der Reinheit näher bringt. Jetzt unterliegst du aber einem massiven Irrtum. Und der Irrtum ist der, dass wenn du nur oft genug diese Glücksmomente herbeiführen kannst, du so ein Leben erfüllt von Liebe führst. Tatsächlich lebst du dann aber nur in einem Glückszustand, in einem Zustand der Illusion von Liebe, und die Implikationen daraus habe ich schon beschrieben. Denn Glück ist eifersüchtig auf die Liebe. Glück kommt in verführerischer Unterwäsche, mit Perücke, falschen Wimpern und Silikonbrüsten, Glück ist ein Fake. Es ist leicht zu haben, für jeden erschwinglich, eine Hure. Glück erschwindelt sich deine Zuneigung. Es verkleidet sich als Liebe, aber ihm fehlt es an Atmosphäre, an Wahrheit und an Schönheit, denn Glück ist kein Meisterwerk, keine Kunst. Glück will so gerne

Liebe sein, aber die Traurigkeit des Glücks, seine Tränen, sind nicht zu verbergen. Seine Unvollkommenheit lässt seine Schminke verlaufen, die Nägel abbrechen und die Haut bröckeln. Die Liebe hingegen ist atemberaubend schön, sie schwebt, mit Leichtigkeit. Sie lumineszert. Wenn sie sich zeigt, verstummt die Welt. Sie vergibt dem Glück sein Pantomime-Spiel, was für nur noch mehr Ehrerbietung seitens des Glücks sorgt. Und auch wenn das Glück beim Zubettgehen die Liebe hassen will, so kann es das nicht. Es entblößt sich bis auf sein nichtssagendes Antlitz und es bleibt ... Traurigkeit, der Liebeszwilling.

Es bedarf eines externen Triggers, einem externen Auslöser, um Glücksgefühle hervorzurufen. Das trügerische an dieser Situation ist, dass ein externer Trigger häufig durch dich herbeigerufen werden kann, und zwar über Geld. Wenn du dir ein neues Kleidungsstück kaufst beispielsweise, empfindest du dieses Glücksgefühl. Das ist von jedem Blickwinkel aus eine Illusion. Das was in der Tat passiert ist etwas ganz anderes. Du benutzt Geld, um dir künstlich ein Glücksgefühl zu bescheren, welches einzig und allein darauf basiert, dass du es schaffst, für einen kurzen Moment all deine Belastungen zu vergessen. Diese Illusion ist aber nur schwer zu durchschauen. Die Wahrheit ist, dass die Tätigkeit des Herbeiführens dieses Glücksmomentes gar nicht beruht auf Geld, sondern auf einem ganz anderen Mechanismus, nämlich dem Vorgaukeln von Liebe.

Hier siehst du, dass Geld nur als Droge fungiert. Es ist ein Werkzeug, um eine Illusion in dir hervorzurufen. Denn die Wahrheit ist, dass du lediglich über ein dauerhaftes Gefühl der Liebe einen Zustand in dir hervorrufst, der vollkommene Abwesenheit von Belastungen bedeutet. Wenn du es nämlich schaffst, dich selbst zu lieben, dann bist du frei von Belastungen. Dann ist es möglich, dass du erfüllt bist von

Liebe. Denn dann schaffst du es, dass deine Seele leuchtet. Dann bist du voller kosmischen Lichts, voller purer Liebe.

Viele Leute sind sogar bereit, für Glück Belastungen in Kauf zu nehmen, die unter Umständen zu Dauerbelastungen werden können. Schau dir alleine einmal an, was manche Menschen bereit sind für Geld zu tun. Und hier kommen wir nämlich zu einem ganz entscheidenden Punkt. Es geht das Gerücht, Geld allein mache nicht glücklich. Vollkommen falsch! Geld alleine macht glücklich! Geld fungiert als Universalcode. Es ermöglicht dir, Glückstrigger zu erwerben. Gleichzeitig geht der Begriff der käuflichen Liebe. Diese Begriffe zeigen doch ganz eindeutig, wie verschoben unserer Auffassung ist von Liebe und Glück. Liebe als die Definition körperlicher Zuneigung hat nichts mit der Liebe zu tun, von der ich spreche. Körperliche Zuneigung ist durchaus käuflich, aber Liebe mit seiner ganzen Bandbreite ist eben alles andere als käuflich zu erwerben. Das was du als körperliche Zuneigung fehlinterpretierst, entpuppt sich nämlich erneut lediglich als Glückszustand der ausgelöst wird durch die erkaufte Akzeptanz deiner Person.

Diese Puzzleteile passen nicht ineinander, sie verhaken sich, und egal wie du sie drehst und wendest, das Konstrukt bleibt eine Verzerrung der Wahrheit. Es geht hier nicht um meine Definition von Glück, oder um meine Definition von Liebe. Es geht hier um die wahre Definition von Glück, um das Erkennen, was du selber fälschlicherweise als Glück bezeichnest. Es geht darum zu erkennen, was du selber fälschlicherweise als Liebe bezeichnest. Den Unterschied zwischen beiden zu verstehen, ist von grundlegender Wichtigkeit. Hier erfolgt die notwendige Modifikation deiner Puzzleteile! Das was ich mit Glück bezeichne, das was ich mit Liebe bezeichne, sind zwar meine Definitionen, aber durch diese Definitionen enthüllt sich eine in sich stimmige, und in seiner Konstruktion einfache Wahrheit. Wie eine mathematische Formel strotzt sie vor Eleganz, Anmut und Schönheit, und zeigt so ihre Vollkommenheit.

Wenn du dir nämlich einmal ganz genau anschaust, was mit dir passiert im Zustand, den du als Glück bezeichnest, und in dem Zustand, den du als Liebe bezeichnest, dann wirst du eben ganz genau feststellen, dass beide Zustände immer zu tun haben mit der bedingungslosen Akzeptanz deiner Person und deiner Situation. In einem Glücksmoment befindest du dich auf einem emotionalen Hoch, welches es dir ermöglicht, dich von all deinen Belastungen zu trennen, ihnen keine Aufmerksamkeit zu schenken, und sie für einen gewissen Moment zu ignorieren. Diese Akzeptanz ist dem Glück und der Liebe gemein.

Liebe, so wie sie allgemein bezeichnet wird, nämlich als Zuneigung zu einem Menschen, ist immer gebunden an eine Bedingung. Wenn du dir etwas anderes weismachen willst, dann ist deine Wahrheit eine Illusion in meiner Welt. Bedingungslose Liebe gibt es nur dir selbst gegenüber. Liebe die du verspürst gegenüber einem anderen Menschen, ist immer gekoppelt an ein Glücksgefühl, welches durch das Verhalten dieser Person ausgelöst wird. Sicherlich gibt es unter Umständen eine besondere Verbindung, eine Art magischer Anziehung zwischen euch beiden, aber diese ist losgelöst von Liebe zu betrachten.

Du liebst deinen Hund, weil er dir Akzeptanz, Verständnis und Zuneigung entgegenbringt. Ähnliches gilt für dein Kind, auch wenn du es nicht wahrhaben willst. Natürlich gilt das eben beschriebene insbesondere für deinen Partner. In dem Moment aber, wo dich dein Partner betrügt, ist die Liebe dahin. Bedingung! In dem Moment, wo dich dein Hund wiederholt anfällt, ist die Liebe per due. Bedingung! In dem Moment, wo sich dein Kind wiederholt körperlich gegen dich wendet, ist auch hier der Ofen aus! Bedingung! Du wirst in

Zukunft ein anderes Verhalten an den Tag legen, um dich selber zu schützen, eventuell sogar den Kontakt vollends vermeiden. Hier ist das Wort Liebe fehl am Platz, denn am Ende handelt es sich um Glücksgefühle, welche dir durch das Verhalten bestimmter Subjekte beschert werden.

Wenn es aber um den Bezug zu dir selber geht, so bist du natürlich in der Lage, dein Verhalten selbst zu bestimmen, und bist so unmittelbar beeinflussbar durch dich selber. Das ermöglicht dir bedingungslose Liebe zu dir selbst. Denn auch wenn Vergebung sowohl dir, als auch anderen gegenüber möglich ist, so ist dein Einflussbereich nur auf dich beschränkt. Das heißt, dass du dir selber in Zukunft nicht aus dem Weg gehen musst, dich nicht vor dir selbst schützen brauchst, denn du bist Herr deiner selbst. Vergebung reicht aus, um vermeintliches Fehlverhalten deinerseits zu akzeptieren. Es bedarf keiner weiteren Sanktion, um mit dir selber in Zukunft zu leben.

Das alles ist im ersten Moment extrem schwer als Wahrheit zuzulassen. Diese Perspektive einzunehmen, erfordert einen massiven Ausbruch aus deinen Denkmustern. Versuche das einmal, und du wirst sehen, dass das die pure Wahrheit ist. Die Liebe eines Kindes, die Liebe eines Tieres, die Liebe die du einem Kind oder einem Tier entgegenbringst, kommt der bedingungslosen Liebe sicherlich am nächsten, denn sie ist nicht so sehr gekoppelt an Erwartungshaltung und Verurteilung. Sie ist voll von Akzeptanz und Verständnis für das Wesen des anderen. Je älter aber das Kind wird, desto mehr steigt deine Erwartungshaltung als Elternteil gegenüber dem Verhalten deines Kindes. Du selber trägst dafür natürlich die Verantwortung, denn du entscheidest dich dafür, eine andere Erwartungshaltung einzunehmen. Du selber schreibst diesen Bedingungskatalog.

Glück erlaubt es dir, dich für eine Weile mit deiner Seele zu verbinden. Diese Verbindung wird aber gekappt, weil die Last die auf ihr liegt so enorm ist, dass sie dir förmlich aus den Händen gerissen wird. Glück ist lediglich in der Lage, dich in einen Zustand zu versetzen der es dir erlaubt, für einen kurzen Moment durch all die Verschmutzungen, durch all die Belastungen hindurch, deine Seele zu greifen. Am Ende will dir Glück weismachen, dass es eben das Glück selber ist, was dich dazu in diese Lage versetzt. Deshalb ist Glück nichts anderes als lediglich die Illusionen von Liebe. Es lässt dich fühlen als liebtest du dich. Der große Unterschied zur realen Liebe ist aber der, das Glück einen Trigger braucht, einen externen Auslöser. Liebe bedarf eines solchen Triggers nicht. Deshalb ist Liebe ein Zustand der sich dauerhaft in dir manifestieren kann, mit Glück wird dir das nie gelingen.

Glück zeigt sich hier lediglich also Surrogat, als künstlich induzierter, positiv empfundener emotionaler Zustand. Der Zustand, der sich als Wahrheit herausstellt, ist der Zustand der Liebe. Und dieser Zustand ist nicht zu erreichen über das Hervorrufen positiver Gefühle, sondern durch das Abtragen von Beschwerden. Denn nur durch das Abtragen von Belastungen ermöglicht sich ein Freiraum für das Hervortreten von etwas, was schon immer in dir drin war, purer Liebe, deiner Seele. Würdest du dich als Kleinkind selbst verurteilen? Ist nicht der Zustand eines Kindes voll von Liebe für sich selbst? Natürlich ist er das, denn wo soll ein solch junger Mensch auch Belastungen herbekommen? Liebe ist ein Zustand der Reinheit, der Unberührtheit und Ursprünglichkeit.

Natürlich ist es aber viel einfacher, kurzfristige Glücksgefühle zu beschwören. Diese erfolgen nicht nur über geldbezogene Handlungen, sondern beispielsweise auch über Tätigkeiten, die einen Nervenkitzel hervorrufen, oder dadurch, sich etwas Neues und Aufregendes in sein Leben zu holen. Das alles sind durchaus Mechanismen, die für einen längeren Zeitraum die Möglichkeit bieten, Belastungen zu vergessen. Der Event der Heirat ist zum Beispiel ein solches Ereignis, welches für die Beteiligten über einen längeren Zeitraum hinweg positive Gefühle hervorruft. Genauso ist ein zweiwöchiger Urlaub sehr häufig mit Glücksgefühlen verbunden. Das ist einfacher, als sich mit seinen Belastungen auseinanderzusetzen. Das ist einfacher, als nach der inneren Wahrheit zu suchen. Das ist zunächst angenehmer, als sich selber Schmerzen auszusetzen. Aber das Ergebnis ist, und wird immer nur, kurzfristiger Natur sein.

Das Auseinandersetzen mit seinem Schmerz hingegen, bedeutet am Ende immer die Eliminierung des Schmerzes selbst, dass Entlasten der Seele, und ein Näherkommen dem Schwebezustand. In dem Moment, wo du das erkennst, wird es für dich nahezu unmöglich sein, diese Wahrheit zu vergessen oder zu ignorieren. In dem Moment, wo du in den Supermarkt gehst und dir eine Tafel Schokolade kaufst, um diese voller Glücksgefühle des Nichtwissens zu vertilgen, wird dir eines vollkommen klar sein, dass du dich einer Illusion hingibst, aber selbst diese Erkenntnis ist etwas positives. Denn jede Wahrheit birgt in ihrem Kern die Chance auf Freiheit. Und zu erkennen, dass du dich einer Illusion hingibst, ist der erste Schritt, um die Wahrheit hervortreten zu lassen, diese zu akzeptieren als Teil von dir, den dahinterliegenden Schmerz zu durchleben, um am Ende einen Teil deiner Belastungen zu eliminieren. Du eliminierst nicht das zugrundeliegende Ereignis oder die Situation, du bewirkst etwas viel besseres. Du schaffst es nämlich, dich derselben Situation erneut auszusetzen oder dich an das gleiche Ereignis zu erinnern, ohne dass es wie zuvor, zu negativen Gefühlssurrogaten kommt. Du brauchst das Ereignis nicht zu verdrängen, die Situation nicht vergessen, du musst keine gedanklichen Brücken mehr zerstören und

dich von deinem Schmerz isolieren. Du brauchst dich nicht
zu verstümmeln, um in Liebe zu leben.

5. Metamorphose

Seelenreinigung

Wenn es um Glücksgefühle jedweder Form geht, so unterliegen fast alle einem Irrglauben. Der Grundgedanke, dass ein Glücksgefühl entsteht, ist schlichtweg falsch. Die Annahme, das Glück ein geborenes Gefühl ist, ist falsch. Was ist das Glücksgefühl stattdessen? Das Glücksgefühl ist kein Gefühl welches entsteht, sondern Glück bewirkt lediglich die Freilegung eines Grundgefühls. Dieses wird freigelegt durch die kurzfristige Eliminierung all dessen, was dieses Grundgefühl eben überlagert hat, und Glück nun kurzfristig beiseiteschafft. Dass ich bei dem Grundgefühl von Liebe spreche, sollte mittlerweile einleuchtend sein.

Demnach ist Glück nichts anderes, als eine Fata-Morgana der Liebe. Das Glücksgefühl bewirkt nichts anderes, als einen Tsunami, welcher deine Surrogate mit Wasser überdeckt, und versucht, zu ertränken. Somit ist der Zustand, den du als Glücksgefühl bezeichnest, gar kein Zustand, der entstanden ist, sondern lediglich ein Zustand, den du erst durch Tarnung deiner Belastungen und Beschwerden, fähig bist zu empfinden. Diese werden kurzfristig isoliert und wirkungslos gemacht. Aber wie bei jedem Tsunami sind die Folgen verheerend, und wenn sich erst einmal das Wasser zurückgezogen hat, stehst du erneut vor einem Bild der Verwüstung.

Das ist ein absolut revolutionärer Ansatz. Stelle dir selber die Frage, ob das die Wahrheit sein kann. Macht das Sinn? Der Event, wenn du endlich das eine Kleidungsstück findest, wonach du schon seit Jahren gesucht hast, kann das tatsächlich etwas sein, welches ein Gefühl in dir hervorruft? Oder ist es vielmehr Auslöser für eine Reaktion in dir, die dafür sorgt, dass dieses Ereignis, was für dich eine solch enorme Wichtigkeit hat, so stark in den Vordergrund tritt, dass sämtliche Beschwerden für den Bruchteil eines Augenblicks unwichtig werden. Stell dir vor, das wäre tatsächlich so! Was wäre denn die daraus entstehende Implikation? Die Implikation ist genauso einfach, wie sie wunderschön ist. Es bedeutet nämlich, dass du diesen Zustand, den du selber als Glücksgefühl bezeichnen würdest, dauerhaft erreichen kannst, wenn du es schaffst, sämtliche Belastungen und Beschwerden, die in dir ruhen, endgültig zu eliminieren. Und dann sprichst du nicht mehr von einem kurzfristigen Surrogat, sondern von einem Dauerzustand, einem Zustand, den ich mit den Worten erfüllt sein von Liebe beschreibe.

Der Dauertrend ist aber nun mal die Suche nach Glück. Auch du suchst vermutlich nach Glück. Versuch stattdessen etwas anderes. Mach es dir doch einfacher. Nimm einmal an, dass alles Glück was du dir wünschst, schon längst in dir ist, und schon immer in dir verborgen lag. Einst war es unbefleckt und rein. Denk daran, wie du als Kind warst. Wie wenige Sorgen du hattest. Wie wenige Belastungen du hattest. Und jetzt stell dir vor, dass du vielleicht gar nicht suchen musst nach Glück. Oder lass es mich anders formulieren. Das Glück wonach du suchst, ist im Kern Liebe. Du suchst kein Glück, denn du suchst kein Surrogat, du suchst die Basis, und die Basis ist nichts anderes, als Liebe. Das bedeutet, dass wenn du in kleinen Schritten versuchst, Belastungen zu eliminieren, all das zu entfernen, was sich auf dein Basisgefühl Liebe gelegt hat, wenn du es schaffst, dich selbst zu reinigen, wenn du es schaffst, in einen Zustand zu gelangen, in dem deine Seele strahlt vor Freiheit, in dem sie wie ein kosmischer Lichtball, von innen heraus scheint und dich leuchten lässt, dann ist es vielleicht das, wonach du schon immer gesucht hast. Anstatt etwas zu suchen, versuch doch, etwas zu eliminieren, was du eben schon kennst, was für dich ganz offensichtlich ist, und das sind all dein Stress, all deine Verurteilungen, all deine Belastungen, alles das was dich schwer werden lässt. Du willst aber nicht schwer sein, du willst schweben, du willst gleiten, weil du frei bist, schwerelos, wie ein Kind schwerelos ist.

Jetzt wirst du dich natürlich fragen, wie du all deinen Stress, all deine Belastung loswerden sollst? Wie soll das denn funktionieren? Natürlich ist das nicht einfach. Aber eines garantiere ich dir, es ist verheißungsvoller, als etwas zu finden, das es nicht wert ist, überhaupt gesucht zu werden, denn alles was nicht Liebe ist, präsentiert sich dir als Trickbetrüger, als Taschendieb, als Gauner, als minderwertige Fälschung. Sie alle sind der Apfel des Schneewittchens, die Spindel des Dornröschens. Sie versetzen deine Seele in ewigen Schlaf, bis dass sie den Kuss der Liebe empfängt.

Du darfst nicht vergessen, dass alles was dich belastet, am Ende nur eines ist, Traurigkeit! Alles, was dir Schmerzen verursacht, verursacht hat, hast du in dir gespeichert und überdeckt mit Surrogaten. Finde die Basiserlebnisse in dir, die Surrogateauslöser, und durchlebe den damit verbundenen Schmerz, lasse Traurigkeit zu. Schmerz ist etwas Wunderschönes. Wann immer du auf Schmerz stößt, umarme diesen Schmerz, liebe diesen Schmerz. Lasse diesen Schmerz zu! Dieser Schmerz wird dich am Ende erlösen. Durch das Durchschreiten dieses Schmerzes, wird der Schmerz selber dich in seiner Wahrheit belohnen, nämlich mit der Lösung, mit der Auflösung des Schmerzes selbst, und somit mit der Eliminierung, der mit dem Basiserlebnis verbundenen Belastung. Die Wahrheit ist dein Freund. Du wirst niemals die Erlösung in der Lüge finden. Alles was Liebe ist, alles was Traurigkeit ist und Schmerz, ist Wahrheit.

Der Kern von allem wofür du dich entscheidest, muss Wahrheit sein. Wahrheit ist der heilige Gral, ist das Elixier, was du zu trinken hast, um Reinheit zu erfahren. Und ich rede hier von beiden Welten, der realen und der spirituellen. Wahrheit ist die Substanz, die die Verbindung herstellt zwischen Körper und Seele, zwischen realer und spiritueller Welt. Wahrheit ist, was dich zu einer Einheit macht aus Körper und Seele. Wenn du dich skrupellos und ohne Rücksicht der Wahrheit hingibst, die Wahrheit suchst, die Wahrheit erkennst, und ihre Konsequenzen akzeptierst, wirst du eine Freiheit erleben, wie du sie noch nie hattest.

Das erfordert jedoch Mut und Risikobereitschaft. Du wirst Dinge sterben lassen müssen. Freunde werden gehen, andere Menschen werden in dein Leben treten. Du wirst Dinge wiederbeleben, Dinge vielleicht zum Leben erwecken. In jedem Fall wird Wahrheit Veränderungen bringen, und zwar in einem noch nicht dagewesenen Ausmaß. Ziel ist nur eines, nämlich erfüllt zu sein von Liebe.

Dieses Ziel wird erreicht, indem du all den Müll, all den Dreck, all den Staub, all die Verunreinigungen, sämtliche Verwässerungen, sämtliche Schleier entfernst, und deine Seele freilegst. Denn deine Seele ist pure Liebe. Deine Seele weiß überhaupt nicht, was das Gehirn ist, deine Seele ist pures Leben. Deine Seele ist pure Existenz, Akzeptanz, Harmonie, Gleiten, Schweben, Fliegen, Leichtigkeit. Das ist der Zustand den du suchst. Das Streben nach Glück, ist das Streben nach einem suchtverursachenden Zustand. Vergiss das! Lass es sterben! Reinige dich selbst. Und das ist etwas, was du schaffen kannst, was du erreichen kannst, denn wenn du das Mikroskop der Wahrheit auf dich selber richtest, wirst du den Schmutz und den Dreck erkennen, und du wirst den damit verbundenen Schmerz erkennen und spüren können. Und wenn du den Mut dazu hast, diesen Schmerz zuzulassen, in dieser Traurigkeit aufzugehen und die Wahrheit zu erkennen, dann hast du alles was nötig ist, um den Staubsauger anzuschmeißen und diesen Dreck zu entfernen von deiner Seele, und du wirst sehen, dass du ein wenig mehr strahlst, dadurch ein wenig leichter geworden bist.

Der gesamte Prozess der Wahrheitsfindung ist jedoch ein Prozess, der nicht einmalig stattfindet, in einem Resultat mündet, und dich dann für immer in ewigen Frieden versetzt. Ich rede hier nicht von einem Studium der Betriebswirtschaft, wo du nach fünf Jahren deine Diplomarbeit schreibst, bestehst, und dann für immer Betriebswirt bist. Du reinigst dich nicht innerhalb einer Woche und musst nie wieder aufräumen für den Rest deines Lebens. Ich rede hier vom Leben. Und ich rede von einem Gemütszustand, den du zu verteidigen hast, dein Leben lang. Wenn du in Frieden lebst, in Freiheit lebst, und wenn du voller Liebe bist, dann ist das ein Zustand, der immer wieder attackiert wird von außen. Überall warten Lügen auf dich. Du lebst weiter, Ereignisse prasseln auf dich ein. Immer wieder wird der Prozess der Wahrheitsfindung von dir gefordert, um eben den Zustand der inneren Leere, den du dir so hart erkämpft hast, am Leben zu erhalten. Dementsprechend erwarte keine abrupte Veränderung die dauerhaft ist. Das ist etwas, was dir Leute weiß machen wollen, um dir etwas zu verkaufen. Der Zustand der Reinheit, der inneren Jungfräulichkeit, ist ein Zustand, der immer wieder überprüft und verteidigt werden muss. Es ist im Prinzip wie das Haus in dem du lebst. Du machst es nicht nur einmal sauber, unterziehst es einer Grundreinigung und erwartest dann, dass es für den Rest deines Lebens sauber bleibt. Wenn du nicht aufpasst, kommen Gäste zu Besuch und hinterlassen Schmutz, oder du selber räumst nicht auf, es können so viele Dinge passieren. Der Schrank geht kaputt, Türen gehen kaputt, das Sofa muss erneuert werden. Wenn du dich nicht darum kümmerst, verkümmerst du, und genauso verhält es sich eben mit der Suche nach Wahrheit, mit der inneren Reinigung, mit deinem inneren Haus.

Ich nenne das alles nicht die Suche nach Glück, denn wie schon gesagt, ist die Suche nach Glück ein Hinterhalt, eine Falle, was an der DNA von Glück liegt. Eliminiere stattdessen deinen Schmutz, zerstöre deine Städte und Gebäude, und lebe im absoluten Nichts, das ist eine Aufgabe, die dich dein Leben lang beschäftigen wird. Und irgendwann, wenn du bestimmte Verhaltensmuster gelernt hast, dann wird das für dich alles selbstverständlich sein, dann ist für dich Wahrheit etwas ganz natürliches, und alles was du tust, wird diesem Grundprinzip folgen. Lass dich nicht davon entmutigen, dass dies ein immerwährender Prozess ist. Hab keine Angst davor, dass es vielleicht viel Arbeit bedeutet. Du darfst nicht vergessen, dass das etwas ist, etwas sein wird, was dir niemand nehmen kann. Wenn du zweifelst, wenn du nahe dem Aufgeben bist, dann stell dir einfach folgende Frage: Hat dich dein bisheriges Verhalten, deine bisherige Denkweise, an einen Ort gebracht, an dem du sein willst? Verharrst du in einem Zustand von Frieden, Freiheit, Liebe, Zufriedenheit, Ruhe oder ähnlichem? Ich glaube die Antwort ist nein. Es ist immer sehr verlockend, alten Verhaltensmustern zu folgen, in alte Rituale zu verfallen, weil sie ja so gemütlich sind. Ich glaube, du hast das oft genug getan um zu realisieren, dass das nicht der Weg ist. Und eines ist vollkommen klar, ohne Aufopferung, ohne Leidenschaft, ohne Herz, erfolgt keine Belohnung.

Der Glaube dem du vermutlich unterliegst ist, dass wenn du nur genügend Geld hättest, alles andere ganz von alleine kommt. Wie jeder Glaube, ist auch das eine Entscheidung die du triffst. Ich will dich von diesem Glauben gar nicht abbringen, ich will dir nur eine Frage stellen: Haben deine bisherigen Käufe zu einem dauerhaften Anstieg deines Friedens, deiner Freiheit, oder deiner subjektiven Empfindung von Glück geführt? Ich kenne die Antwort. Auch wenn ich dich nicht kenne, so kenne ich die Antwort trotzdem. Das heißt, du weißt jetzt schon ganz genau, dass dein Glaube an Geld eine Illusion ist, besser gesagt eine Lüge. Diese Lüge zu eliminieren, ist nicht einfach. Denn Geld ist verlockend. Geld verschafft dir eine kurzfristige Ersatzbefriedigung. Geld ist im Prinzip wie ein Universalcode, der dir Zugang zu jeder Droge der Welt verschafft. Du wirst davon abhängig. Das bedeutet nicht, dass Geld nichts Schönes sein kann. Du kannst sicherlich viele deiner Lebenssituation subjektiv verbessern, wenn du nur genügend Geld dafür hast. Aber eventuell befindest du dich in einer Situation, in der es eben unmöglich ist, ein Vermögen anzuhäufen. Und dein Ziel ist es eben, einen Gemütszustand zu erreichen, der Frieden, Freiheit und Liebe beinhaltet, ohne die Notwendigkeit von Reichtum. Und eines soll dir versichert sein, selbst Leute, die in immensem Reichtum leben, leben nicht in Freiheit, Frieden, Einklang und tiefer Liebe für sich selbst. Wenn es dir darum geht, dein Leben in einer Weise zu verändern, die es dir ermöglicht, eine innere Welt des Friedens zu schaffen und gleichzeitig in der Lage zu sein, einer äußeren Welt entgegen zu treten mit eben diesem gleichen Frieden, dann stellst du Einklang her zwischen deinem Körper und deiner Seele, zwischen deiner äußeren Welt und deiner inneren Welt. Dann schaffst du es, tatsächlich aus purer Liebe zu bestehen.

Ich wiederhole das Prinzip des Prozesses immer und immer und immer wieder. Ich sage dir, dass es keine

Situationen gibt, in der dieser Prozess nicht funktioniert. Und ich sage dir weiter, dass dieser Prozess in jedem Lebensbereich zu einer inneren Reinigung führen kann. Du verschaffst dir Reinheit, indem du letzten Endes verstehst, dass jede Lebenssituation in der du dich befindest, ein Resultat deiner eigenen Entscheidungen ist. In deiner inneren Welt kannst du so frei und rein sein, dass du schwebst. Gleichzeitig hast du aber alle Freiheiten der Welt, dein Leben so zu gestalten, wie du willst. Du musst dich nicht zu einem Glauben bekennen, du musst dazu keiner Religion beitreten. Du kannst, egal was für ein Leben du führst in der äußeren Welt, eine innere Welt errichten, die aus reinem Nichts besteht. Und diese innere Welt kannst du verteidigen. Du hast alle Waffen die nötig sind, um dich gegen Eindringlinge zu wehren. Du hast alle Werkzeuge, um dich durch nichts erschüttern zu lassen. Denn was soll auch erschüttert werden, wenn da nichts ist, was erschüttert werden kann? Die Suche nach Glück ist eine Suche, die niemals ein Ende hat, deshalb befreie dich auch davon.

Beispiel Seelenreinigung

Lass uns ein extremes Beispiel betrachten, um dir diesen Prozess von dem ich spreche, zu verdeutlichen. Nehmen wir an, du holst dein Kind mit dem Auto von der Schule ab. Du bist aber zu spät, und schickst während der Fahrt deinem Kind eine Textnachricht, und bittest dein Kind, draußen zu warten, weil du etwas später kommst. Während du aber tippst, passt du nicht auf den Verkehr auf, und überfährst tragischer weise ein Kind. Das Kind stirbt, und nun bist du verantwortlich dafür.

Natürlich kreiert das unweigerlich eine Menge an Gefühlssurrogaten, denn du verhältst dich so, wie du es gewohnt bist, du machst dir Vorwürfe, und über eigene

Moralvorstellungen verurteilst du dich ins bodenlose! Angst vor einer eventuellen Strafe, Selbstvorwürfe für das Nehmen eines Lebens, sind nur ein Teil der Surrogate die entstehen.

Jetzt wollen wir mal sehen, wie sehr du innerhalb der Box denkst, wie sehr vorhandene Gedankenmuster dein Leben bestimmen. In meinem Leben sieht die Lösung nämlich ganz einfach aus. Ich vergebe mir, für das was ich getan habe. Ich akzeptiere, dass ich mich in dem Moment des Autofahrens dafür entschieden habe, meinem Kind eine Nachricht zu senden. Ich habe in Kauf genommen, dass meine Aufmerksamkeit zu diesem Punkt geschmälert war. Ich habe für mich das Risiko in dem Moment unbewusst abgewogen. Wie viel weniger bin ich in der Lage auf den Verkehr zu achten, und wie wichtig ist es mir diese Nachricht jetzt zu senden? Ich habe eine Erwartungshaltung gehabt für meine Aktion. Ich habe erwartet, dass meine Umwelt auf meine Entscheidung nicht signifikant reagiert. Ich habe erwartet, dass nichts Schlimmes passiert. Das war offensichtlich ein Irrglaube, und nur der wahrscheinlichste, aber eben nicht der einzig mögliche Fall.

Alles was passiert ist, war Teil meiner Entscheidung. Ich habe dafür die Verantwortung zu tragen, Schuld ist etwas, wofür ich mich entscheide, es mir eben nicht aufzuerlegen, denn ich verzichte auf eine Verurteilung meiner Person. Das fällt mir nicht schwer, denn ich entscheide mich dazu, bestehende Automatismen und herrschende Stigmata abzulegen.

Ich habe das Leben eines anderen Menschen genommen. Das war niemals meine Intention, aber ich habe es in Kauf genommen für die Nachricht an mein Kind. Das habe ich mir vielleicht so niemals bewusst gemacht, aber es war nun mal meine Entscheidung. Ich habe das Leben anderer riskiert, um meinem Kind eine Nachricht zu senden. Und diese Entscheidung vergebe ich mir.

Das heißt noch lange nicht, dass ich diese Entscheidung gut heiße. Das ist ganz entscheidend! Mir war zu dem Zeitpunkt vermutlich nicht bewusst, dass das Risiko, das Leben eines Kindes zu nehmen, so real war, wie es sich am Ende abgespielt hat. Durch die Vergebung dieser Tat, durch die Vergebung und die Akzeptanz all meiner Taten, schaffe ich Platz für mein Basisgefühl. Um mein Basisgefühl ist Traurigkeit, und vermutlich führt das zum Akt des Weinens. Der Schmerz, der sich ergibt, wird vermutlich immens sein, denn ich will nicht ein Mensch sein, der den Tod eines Kindes zu verantworten hat. Mich deshalb minderwertig zu fühlen, wäre induziert über mein Wertesystem, weshalb das nicht Teil meines Schmerzes ist. Mein Schmerz basiert lediglich auf purer Traurigkeit. Wenn ich diesen Schmerz durchlebe und zulasse, dann folgt eine Auflösung des Basiserlebnisses und führt so zu keiner Belastung mehr in mir. Denn ich entscheide mich, mir zu vergeben, mich zu lieben, trotz dieser Tat. Dieser Prozess mag sich hinziehen und bei Weitem nicht einfach sein, aber er wird mich erlösen.

Ich entscheide mich hier, mein Wertesystem beizubehalten. Denn ich will definitiv kein Mensch sein, der für den Tod eines Kindes verantwortlich ist. Das ist nicht meine Wahrheit, daran orientiert sich mein Verhalten nicht. Ich wünsche mir, dass du erkennst, dass das in keiner Weise selbstverständlich ist! Selbst das ist eine Entscheidung, die ich selber treffen kann. Der Wunsch, mein Wertesystem beizubehalten, erfordert allerdings nun eine Vergebung der Tat mir selbst gegenüber. Ganz offensichtlich hat sich eine Situation ergeben, die mir eben offenbart, dass ich entgegen meiner Wahrheit, entgegen meinen Handlungsmaximen gehandelt habe, bzw. eine derartige Reaktion in Kauf nahm.

Deshalb ist eine Vergebung unbedingt notwendig, um Selbstliebe zu erreichen.

Diese Vorgehensweise ist extrem ehrlich und bringt die absolute Wahrheit zu Tage. Es ist vollkommen unerheblich, ob ich mir wünschte, dass das nie passiert wäre, denn es ist passiert. Und ich kann es nicht mehr rückgängig machen. Ich habe an dem Punkt, an dem ich jetzt stehe, nur zwei Optionen. Entweder ich übertünche meine Traurigkeit aufgrund herrschender Gedankenmuster und bestehender Moralvorstellungen mit Gefühlssurrogaten, oder aber ich befreie mich von all den Belastungen, bzw. lasse erst gar keine entstehen, und durchlebe den Schmerz, den mir mein Basisgefühl verursacht. Das führt zu einer absoluten Reinheit. Denn natürlich weiß ich, dass das was ich getan habe, in meiner Welt der Wertevorstellungen etwas ist, was ich verurteile. Aber nur weil ich es verurteile, muss ich nicht mich selbst verurteilen und es so zu einer Belastung werden lassen.

Ich werde mit den Konsequenzen der Tat leben müssen. Und es wird Konsequenzen geben. Aber eine der Konsequenzen habe ich selber in der Hand, und das ist, wie es meine innere Welt beeinflusst. Und ich kann meine Strafe hinnehmen entweder, mit einem Haufen von Belastungen, Selbstvorwürfen, Frustrationen und Depression, oder ich kann meine Strafe hinnehmen in totaler Reinheit, wohlwissend, dass ich mein Verhalten in keiner Weise billige, aber als Teil von mir und meiner Entscheidung akzeptiere.

Das bedeutet Ausbrechen aus Gedankenmustern, Freunde der Nacht! Das bedeutet Kreativität im Denken. Und denke darüber nach! Das ist die Wahrheit. Das ist Reinheit. Sein Leben so zu führen, bedeutet voll zu sein von Liebe. Es hört sich zunächst paradox an, aber erlaube dir selber ein paar Tage, um diese Gedanken setzen zu lassen. Du wirst feststellen, dass das Einzige, was in dir Widerstand leistet, gelernte Moralvorstellungen sind.

Um das noch einmal ganz klar zu machen. Das Resultat meiner Entscheidung war niemals gewollt. Ich akzeptiere das Resultat meiner Entscheidung als das was es ist, nämlich die Reaktion, die unerwartete Reaktion meines Umfelds auf etwas, wofür ich mich entschieden habe. Ich befinde mich in einer Situation, in der ich das Vergangene nicht rückgängig machen kann. Auf die Zukunft habe ich nur bedingt Einfluss. Ich kann nämlich erneut nur mich und meine Einstellung verändern. Ob ich das Geschehene zu einer Belastung machen will für mein Leben, ist ganz alleine meine Entscheidung. Nur weil jeder denkt, es sei angemessen, in Selbstvorwürfen zu zerfließen und sich das niemals zu verzeihen, heißt das noch lange nicht, dass auch ich mich für diese Reaktion entscheiden muss! Dich gut zu fühlen trotz dieses Ereignisses wird vermutlich zu einem schlechten Gewissen führen, so mächtig sind Moral und Wertesystem! Wie kannst du nur lächeln, wenn du das Leben eines Kindes auf dem Gewissen hast? Was für ein Mensch bist du nur? Ich bin ein Mensch, der sich entschieden hat, sich trotz aller Mängel und Unvollkommenheiten, bedingungslos zu lieben, ein solcher Mensch bin ich, und du, mein Freund, wirst das niemals ändern können!

Aber selbst wenn du dich dafür entscheidest, dich zu belasten, weil du das Gefühl hast, keine andere Wahl zu haben, dann hat auch das einen gewissen Wert für dich. Auch das ist wertvoll. Zu wissen, dass dich Moralvorstellungen belasten, zu wissen, dass diese dafür sorgen, dass du dir selbst Vorwürfe machst, ist wertvoll. Zu wissen, wo deine Belastung herkommt, ist wertvoll. Die Tatsache, es nicht zu schaffen, dich zu lieben trotz der Selbstvorwürfe, ist lediglich

Resultat deiner Moralvorstellungen. Du kannst dich für deine Moralvorstellungen entscheiden, so einfach ist das. Wenn du dich dafür entscheidest dich zu belasten, dich zu verurteilen, dann kannst du auch das als Teil von dir akzeptieren. Allerdings wirst du so niemals erfüllt sein von Liebe. Sondern du wirst der sein, der du eben bist, eine Anhäufung von Gefühlssurrogaten unterschiedlichen Ursprungs.

Vergiss nicht, dass selbst wenn Moralvorstellungen dich belasten, dich zu belasten, dich zu keinem besseren Menschen macht. Das passiert nicht. Das ist wichtig zu verstehen! Die Belastung, die du dir selber auferlegst, für die du dich selber entscheidest, verändert nichts an der Vergangenheit. Es verändert nichts an dem Geschehenen. Das einzige wofür sie sorgt ist, dass es die Sache nur noch schwerer für dich macht, im wahrsten Sinne des Wortes.

Simplifikation

Um den Prozess der Wahrheitsfindung zu vereinfachen, solltest du Ereignisse oder Situationen die dich belasten oder belastet haben, in Sub-Ereignisse unterteilen. Versuche nicht, ein komplexes Thema in seiner Komplexität für dich zu lösen. Versuche stattdessen, dieses komplexe Thema in seine einzelnen Komponenten zu zerlegen. Wenn du es schaffst, die einzelnen Komponenten für dich zu lösen, so ist unweigerlich auch das komplexe Problem gelöst. Wenn du die Basis löst, wird das komplette Gebäude vollkommen in sich zusammenfallen.

Beispiel Simplifikation

Nehmen wir einmal an, deine Mutter stirbt. Das ist ein sehr komplexes Ereignis und verursacht bisweilen eine Menge Nebenkriegsschauplätze. Sich dem Thema in seiner

Gänze zu widmen ist zwar möglich, wird aber vermutlich zu keiner Entlastung führen, denn die Zuordnung einzelner Belastungen und Gefühlssurrogate zu der entsprechenden Wahrheit wird so extrem schwierig. Folgende Unterteilung soll hier beispielhaft angeführt sein:

Simplifikation Todesfall

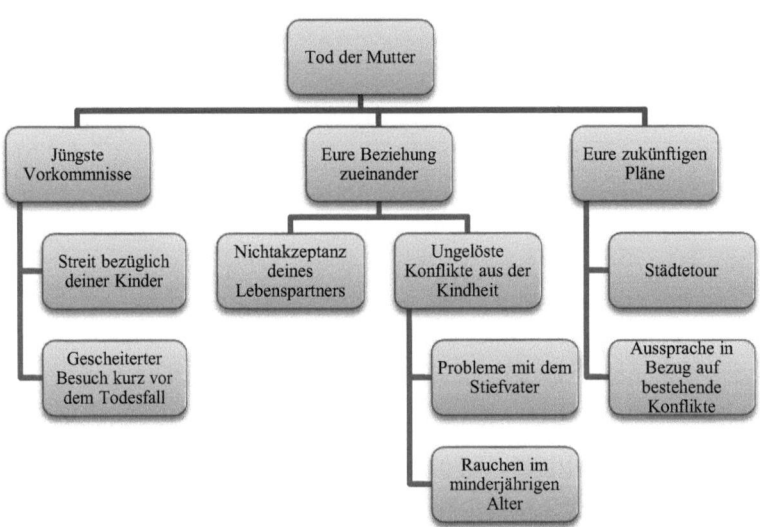

Jeder einzelne Ast kann natürlich noch weiter untergliedert werden. Es zeigt sich jedoch ganz offensichtlich schon jetzt, wie unmöglich es sein wird, die Emotionen, welche nach dem Tod der Mutter aufkeimen, zuzuordnen, ohne eine solche Simplifikation vorgenommen zu haben. Wut, Enttäuschung, Selbstverurteilung mögen alle innerhalb von Bruchteilen einer Sekunde auftauchen, und überfluten so das Individuum. Je mehr Verästelungen du erkennen kannst, je differenzierter der Simplifikationsbaum, desto leichter wird für dich die Suche nach der Wahrheit sein.

Diese Form der Auseinandersetzung mit einem Thema kann bisweilen sehr viel Zeit in Anspruch nehmen. Ein

Thema kann dich über Wochen, Monate, vielleicht sogar Jahre beschäftigen. Lass dich davon aber nicht entmutigen. Manchmal ist es sogar besser, ein Thema für den Moment auf sich beruhen zu lassen. Die Lösung wird sich vielleicht in einem Moment bieten, zu dem du es gar nicht erwartest. Je detaillierter du dir aber deine Situation auslegst, desto einfacher wird es, die Wahrheit zu finden. Am Ende kannst du alle Einzelteile wieder zusammenfügen, die du für dich selber gelöst hast, und so zu einem Gefüge zusammenzusetzen, welches dir dann die Lösung für das Gesamtproblem unterbreitet. Je detaillierter du eine Belastung beschreiben kannst, je genauer du weißt, wie du sie definierst, desto einfacher wird es für dich, darin die Wahrheit zu erkennen. Es ist ein Riesenunterschied, ob du dich dafür entscheidest, dem komplexen Problem Wut in seiner Gänze auf den Grund zu gehen, oder aber dich einer ganz spezifischen Situation widmen willst. Ziehe die konkrete Situation immer vor!

Nimm zum Beispiel den konkreten Fall des Neuwagenkaufs deines Nachbarn, so wie ich ihn schon beschrieben habe. Betrachte deine veränderte Reaktion gegenüber deines Nachbarn, deine Vermutungen bezüglich der Verhaltensänderung deiner Frau. Stelle dir unangenehme Fragen, und zerlege das Problem in seine Komponenten. Wenn du alles auf Traurigkeit zurückführen kannst, denn da musst du hin, dann werden Schmerzen sichtbar, die durch das Mikroskop der Wahrheit erkennbar wurden. In der Regel werden diese Schmerzen, in Abhängigkeit von der Komplexität des Problems, unterschiedlicher Ausprägung sein.

Demnach steht also vor dem Prozess der Wahrheitsfindung, die Simplifikation des Themas. Jedes einzelne Staubkorn, welches du aus deinem Inneren entfernen kannst, entspricht einer Reinigung. Genauso wie jede Reise mit dem ersten Schritt beginnt, genauso beginnt deine Reinigung mit dem ersten Ereignis, mit der ersten Belastung. Und der Erfolg ist sofort zu spüren. Es ist nicht so, dass du erst eine Leichtigkeit spürst, wenn du vollkommen entlastet bist, es ist vielmehr so, dass jedes gelöste Problem schon zu einer Erhöhung deiner Leichtigkeit führt, einem Anstieg deiner Baseline in Richtung Liebe. Natürlich sieht so ein Berg, den du erklimmen willst, vom Fuße des Berges sehr furchteinflößend aus und suggeriert dir eine Menge an Arbeit, aber wenn du dich erst einmal auf den Weg begeben hast, und jeden Schritt für sich betrachtest, dann bekommt die Reise auf einmal einen vollkommen anderen Charakter. Und genauso musst du den Prozess der Selbstreinigung betrachten, schaue nicht auf all deine Probleme auf einmal. Schaue auf ein einziges Problem, dann schaue auf die Komponenten des Problems, und dann schaue auf jede einzelne Komponente in ihrer simpelsten Form. So behältst du die Motivation, diesen Prozess weiterzuführen, und erzielst am schnellsten Erfolge.

Du besitzt die Fähigkeit, dich selbst zu beobachten, die Fähigkeit, in dich selber hinein zu hören. Das ermöglicht es dir, die Wahrheit zu finden. Gleichzeitig besitzt du aber auch das Tool der Vergebung, was es dir ermöglicht, mit dieser Wahrheit so umzugehen, dass diese zu keiner Belastung führt. Zudem hast du einen freien Willen. Dieser ermöglicht es dir, Entscheidungen zu treffen. In dem Moment, wo du erkennst, dass deine Entscheidungen nicht notwendigerweise eine einzige gewünschte Reaktion hervorrufen können, sondern vielmehr eine Reaktion hervorrufen aus einer Vielzahl möglicher Reaktionen, wenn du erkennst, dass nur du Einfluss auf deine eigene Entscheidung hast, und nicht darauf, wie die Reaktion deiner Umwelt aussieht, oder wie deine Umwelt strukturiert ist, dann hast du die Basis für

Reinheit geschaffen. Über die Rückführung von belastenden Situationen oder Erlebnissen auf das Gefühl der Traurigkeit, bist du in der Lage, deinen Schmerz zu spüren. Diesem Schmerz, diesem Warnsignal, zu folgen, und sich um ihn zu kümmern, führt zu Reinheit, und diese Reinheit schafft dann immer mehr Freiraum in dir, bis hin zur Leere, dem Wohnort purer Liebe.

Schematischer Prozessablauf

Wahrheit
- Erlebnis oder Situation wird auf seine Kernkomponenten untersucht und simplifiziert. Wahrheitsfindung erfolgt über das Stellen der richtigen Fragen.

Traurigkeit
- Die mit dem Event gekoppelten Gefühlssurrogate werden auf das Basisgefühl der Traurigkeit zurückgeführt.

Schmerz
- Der aus dieser Traurigkeit resultierende Schmerz wird freigelegt.

Selbstliebe
- Über die Auseinandersetzung mit dem Schmerz, wird durch den Akt der Vergebung, oder durch Modifikation des Wertesystems, der Zustand der Liebe für dich selbst erreicht.

Reinheit
- Der Zustand der Selbstliebe führt zur Eliminierung des Schmerzes, und final zur Auflösung der Ursprungsbelastung.

Liebe
- Über die wiederholte Anwendung des Schemas, erfolgt eine Abtragung sämtlicher Belastungen, die final zu einem Zustand des erfüllt seins mit Liebe führt.

Vergessen

Zeit heilt alle Wunden, so heißt es zumindest. Dies scheint der Schlachtruf all derer zu sein, die sich ihrem Schmerz nicht stellen wollen. Zeit ist bestimmt, auf körperlicher, als auch auf psychischer Ebene, ein positiver Faktor, wenn es um Selbstheilungskräfte geht. Allerdings weiß ich nicht, ob es clever ist, eine klaffende Fleischwunde nicht zu nähen, und stattdessen zu hoffen, dass der Körper mit der Zeit die Wunde ganz automatisch verschließt. Scheinbar ist das unsere Logik, wenn es um psychischen Schmerz geht. Zeit bewirkt tatsächlich etwas, was wir gerade bei Belastungen und schlimmen Ereignissen als wohltuend empfinden. Tatsächlich reduziert sich die Intensität der über das Basisereignis entstandenen Gefühlssurrogate. Deren Intensität lässt in der Tat nach, verschwinden tun sie aber nie. Demgegenüber bleibt das überschattete Basisgefühl der Traurigkeit in seiner ganzen Blüte bestehen.

Dieses ignorante Verhalten seinem inneren Schmerz gegenüber, führt zwar auf den ersten Blick zu Linderung, birgt aber auf den zweiten Blick große Gefahr. Denn in Zeiten eines emotionalen Downs, ist die Gefahr sehr hoch, dass die mit dem Ereignis verbundenen Gefühlssurrogate zu Tage treten, und einen massiven negativen Einfluss auf uns ausüben. Dann sind wir darauf nicht vorbereitet, und diese plötzliche Konfrontation trifft uns in einem schwachen Moment. Die Konsequenzen können, je nach Basisereignis, verheerend sein.

Letzten Endes bezeichnet diese Ignoranz nichts anderes, als den psychologischen Prozess der Verdrängung. Mutation der verdrängten Gefühle und Intensivierung derer, sind resultierende Gefahren. Gerade hier wird erneut der Wunsch nach einfachen Konzepten sehr deutlich. Die Hoffnung, dass ein Übergehen des Schmerzkörpers, ein Weitermachen alleine, ausreicht, um am Ende über den Freund Zeit zu einer Erlösung zu gelangen, ist, wie so vieles was ich schon beschrieben habe, eine Illusion. Zu hoffen, dass andere die Arbeit für einen übernehmen, ist zwar ein frommer Wunsch, zeugt aber am Ende nur von Angst und Faulheit.

In dem Wunsch nach mehr Zeit, steckt vor allem die Hoffnung des Vergessens. Je mehr Zeit ins Land zieht, desto höher die Wahrscheinlichkeit, dass bestimmte Ereignisse, und die damit verbundenen Gefühlssurrogate, verschwinden. Bei lapidaren Ereignissen mag das durchaus zutreffen. Wenn es sich allerdings um besondere Vorkommnisse handelt, dann wird viel zu häufig diese Hoffnung gnadenlos enttäuscht. Gerade das, was uns belastet, genauso wie das, was uns enorme Freude verursacht hat, bleibt an ganz besonderen Orten in uns gespeichert, an Orten, die scheinbar vergessensresistent sind. Sicherlich gibt es Situationen, insbesondere im Job, in der Familie und im Freundeskreis, die, nachdem man die Sache auf sich hat beruhen lassen, durchaus annehmbar weiter funktionieren. Manchmal ist es nicht nötig, Dinge zur Sprache zu bringen. Bisweilen lösen sich Situationen in der Tat von ganz alleine. Das sind aber Situationen, die mit keinem besonderen Schmerz in Verbindung stehen. Diese Ereignisse gleichen vielmehr kleinen psychischen Schnittwunden. Da reicht eine kleine Desinfektion und ein Küsschen, ein Kinderpflaster, und nach ein, zwei Tagen, ist alles wieder gut. Mir ist allerdings noch keine Amputation zu Ohren gekommen, die über diese Form der ärztlichen Versorgung in den Griff zu bekommen wäre.

Schmerz

Schmerz ist etwas Wunderschönes und gleichzeitig etwas sehr wichtiges, denn Schmerz ist ein Warnsignal deines Körpers, deines gesamten Körpers, auch deiner Seele, und zeigt dir, dass etwas deiner Aufmerksamkeit bedarf. Genauso wie eine Schnittwunde Schmerz verursacht, genauso verursachen Worte und Ereignisse, Schmerzen auf der Gefühlsebene. Dieser Schmerz bedarf genauso deiner Aufmerksamkeit, dieser Schmerz ist etwas, was nicht verleugnet werden sollte. Dieser Schmerz gibt dir die

Möglichkeit, in dem Moment, wo du dich um ihn kümmerst, eine Heilung stattfinden zu lassen.

Die Parallelen zu einer körperlichen Verletzung wie Armbruch, Schnittwunde oder Kopfschmerzen sind relativ leicht zu sehen. Seelischer Schmerz ist hingegen etwas, was viele Leute verdrängen, vermeiden, verleugnen. Es wäre dasselbe, seine Magenschmerzen zu verleugnen, bis zu dem Moment, wo sie so massiv werden, dass du dich auf dem Boden krümmst. Das passiert mit seelischen Schmerzen in der Regel nicht. Deren Konsequenzen sind in Form psychischer Krankheiten genauso verheerend, aber tückischer. Deshalb fällt es vielen Leuten leichter, diese zu ignorieren. Diese Schmerzen aber geben dir die Möglichkeit, dich selbst zu reinigen. Dieser Schmerz ist nichts anderes, als ein Zeigefinger, der auf eine bestimmte emotionale Dysbalance hindeutet. Sei froh, dass dieser Mechanismus in dir funktioniert. Höre genau hin. Identifiziere den Schmerz. Und dann liebe den Schmerz. Durchlebe ihn! Setze dich mit dem Schmerz auseinander, und das Ergebnis wird Freiheit sein. Das Ergebnis wird Reinheit sein. Das Ergebnis wird eine Abwesenheit sein von Belastung, eine Abwesenheit von einem Schmerzkörper, der in dir ruht.

Zu jeder Lüge in dir gehört ein Schmerz. Wenn du in der Lage bist, diesen Schmerz in dir zu identifizieren, bist du kurz davor, tatsächlich eine Veränderung hervorrufen zu können. Wenn du diesen Schmerz zulässt und dich mit diesem Schmerz auseinandersetzt, bist du in der Lage, Müll abzutragen. Du bist in der Lage, den Dunst, den Schleier, den Nebel zu lüften. Du bist in der Lage, Teile deiner Stadt die du erbaut hast, abzureißen, Gebäude zu sprengen, und in dem Nichts, in dem daraus entstehenden Nichts, Frieden und Freiheit zu finden.

Der Prozess der Eliminierung des Schmerzes selber, welcher verknüpft ist mit einem Basiserlebnis, ist im Detail immer sehr individuell und kann aus wahnsinnig vielen Facetten bestehen. Das Auseinandersetzen mit dem Schmerz besteht natürlich aus der Realisierung seiner Bestandteile, seiner Auslöser, aus der Erkenntnis, inwiefern dieser Schmerz mit dem eigenen Wertesystem verknüpft ist, kurzum besteht die Auseinandersetzung aus dem sich befassen mit der zu Grunde liegenden Wahrheit. Der Akt der Vergebung oder aber die Modifikation des Wertesystems führt zu Selbstliebe. Diese Liebe für dich selbst ist am Ende das Resultat der erfolgreichen Auseinandersetzung mit dem Schmerz. Die schmerzauslösenden Partikel sind nun entweder vergeben, oder aber modifiziert worden. Sie existieren zwar noch, aber ihr ursprüngliches Reiz-Reaktions-Modell ist funktionsunfähig.

Diese Auseinandersetzung kann sich über Tage, sogar über Monate hinziehen. Sie besteht aus einer ständigen Wiederholung der Erkenntnis ob des Wesens des Schmerzes, verbunden mit dem Akt der Vergebung oder aber dem Akt der Modifikation. Dinge, die du über Jahre gelernt hast, wirst du nicht von heute auf morgen über Bord werfen können. Das bedarf einer wiederholten Konfrontation über einen unter Umständen langen Zeitraum. Sich mit dem Schmerz auseinanderzusetzen bedeutet, ihn zuzulassen, ihm nicht auszuweichen. Wenn du dich dauerhaft deinem Schmerz stellst, ihn verstehst, und ihn stückchenweise über Vergebung oder Modifikation abträgst, seine Partikel langsam auflöst, ist er am Ende vollkommen erloschen.

Die Eliminierung des Schmerzes bedarf also eines sich wiederholenden Aktes, denn so wie du bestimmte Dinge gelernt hast, so kannst du sie auch wieder verlernen, doch das bedarf eben der Wiederholung. Die Parallelen zu physischen Schmerzen sind obsolet. Nach 6 Wochen Gipsverband wirst du schwerlich von einem Tag auf den anderen deine ursprüngliche Flexibilität zurückerlangen. Eine Überbeanspruchung des Gelenkes würde sogar zu fatalen Konsequenzen führen. Hier bedarf es eines behutsamen Durchlebens und Zulassen des Schmerzes, welcher über die Dehnung der Bänder auftritt. Verknotungen und Verkrampfungen können auch nur über kontrollierten Schmerz gelöst werden. So musst du dir auch den Prozess der Auseinandersetzung mit psychischem Schmerz vorstellen.

Im Detail ist der konkrete Ablauf immer gebunden an dich als Person und an das Ereignis selbst. Solange du dich dem Schmerz stellst, wird er keine Chance haben, dich einzunehmen. Er wird kein Eigenleben entwickeln können. Das Ziel ist Selbstliebe. Wenn du dieses Ziel erreichst, hat das unweigerlich die Eliminierung des Schmerzes zur Folge.

Das Erkennen einer Lüge, das Durchleben des aus der Wahrheit resultierenden Schmerzes, die Vergebung dir selber gegenüber für die Kreation dieser Lüge, für das „nicht perfekt sein", das alles sind Instrumente, die es eben ermöglichen, rein zu werden, pur zu werden, deinem Kind in dir näher zu kommen, dem Kern, der dich ausmacht, näher zu kommen. Das sind alles Möglichkeiten, die dich simplifizieren, denn du selber bedarfst der Simplifikation. Du bedarfst der Freilegung deines Kerns. In dem Moment, wo du es schaffst, deinen Kern, deine Seele, deine Liebe freizulegen für dich, bist du eher in der Lage, eine Verbindung herzustellen zu diesem Kern, dich dir selbst zu nähern, eine Einheit zu schaffen zwischen deinem Körper und deiner Seele. Und diese Einheit ist das, was am Ende Ausdruck findet, in einer unendlichen, alles überflutenden, dich in seiner Gänze überwältigenden Liebe. Und dann bist du was? Du bist nicht mehr die Wut. Du bist nicht mehr die Unzufriedenheit. Du bist dir bewusst, dass alles was du tust, dir selbst entspringt. Dann ist Liebe deine Baseline.

Das, was an dem Schmerz so schwierig ist zu durchleben, so schwierig ist zu akzeptieren, ist, dass er in seinem Kern beinhaltet, dass du nicht die Person bist, von der du entweder dachtest sie zu sein, oder aber sein wolltest. Das zu akzeptieren, seine eigenen Fehler, seine eigenen Schwächen zu akzeptieren, ist nicht so einfach, wie es auf den ersten Blick scheint. Denn das bedeutet gleichzeitig ein Akzeptieren von, in deinen Augen, Fehlverhalten, bzw. Versagen.

In dem Beispiel des Neuwagenkaufs verurteilst du dich als minderwertig. Das erfolgt ganz einfach über den Vergleich des vermeintlichen Erfolgs deines Nachbarn mit dem Deinen. Das führt, wie schon gesagt, lediglich zu Traurigkeit. Nun akzeptierst du deine Situation aber nicht, sondern du verurteilst dich, denn für dich besteht eine logische Verbindung zwischen dem Wert des Autos und dem Wert des Menschen. Diese Verkettung existiert aber nur in dir, durch dich, innerhalb deines Wertesystems, für welches du dich entschieden hast. Das ist der Schmerz in dir. Das ist deine Verurteilung. Du hast versagt. Du hattest etwas anderes von dir erwartet, und der Autokauf des Nachbarn zeigt dir unverblümt deine Fehlleistung. Das kannst du dir vergeben, sofern du an deinem Wertesystem festhalten willst. Das bedeutet, deinen Schmerz zuzulassen, ihn zu durchleben.

In dem Moment aber, wo du erkennst, dass du dich für deine eigene Verurteilung entscheidest, dass es zudem keine logische Grundlage dafür gibt, dich als minderwertig zu betrachten, in diesem Moment bricht dein Wertesystem zusammen. In diesem Fall wird eine Vergebung sogar hinfällig.

Das ist die Auseinandersetzung mit deinem Schmerz. Und sie mündet in dessen Eliminierung. Ob du dir nun vergibst oder dich stattdessen dafür entscheidest, dein Wertesystem zu korrigieren, ändert nichts am Resultat, mehr Liebe für dich. Und was bleibt vom Basisereignis? Am Ende hat dein Nachbar einfach nur ein teureres Auto als du, so what?

Natürlich hat Verurteilung sehr viel mit Erwartungshaltungen gegenüber deiner eigenen Person zu tun. Jeder hat Prinzipien, die er für wertvoll hält, und an denen er sich gerne orientieren würde, oder für eben nicht wertvoll hält. Zu realisieren, dass man selber, trotz eigenem Willen, eben nicht so handelt wie man gerne wollte, ist etwas, was man sich selber vergeben kann. Und im Gegensatz dazu jemand anderem zu vergeben, ist das Vergeben dir selber gegenüber, weitaus schwieriger. Denn wenn du jemand anderem vergibst, kannst du trotzdem die Entscheidung treffen, mit dieser Person nichts mehr zu tun haben zu wollen. Das ist natürlich unmöglich, wenn es um dich selber geht. Sich selber zu vergeben, bedarf unter Umständen mehr Zeit als man denkt. Wie schon gesagt, sind Erwartungshaltungen nicht zu eliminieren. Erwartungshaltungen dir selber gegenüber, sind genauso wenig zu eliminieren. Aber zu akzeptieren, dass es ein Teil von dir ist, eben nicht alle Probleme meistern zu können, nicht immer den Weg einzuschlagen, der sich am Ende als der richtige herausstellt, ist wichtig, denn das sind Dinge, die zu enormen Belastungen werden, wenn du nicht in der Lage bist, dir selber deine Unvollkommenheit zu vergeben.

Moralvorstellungen

Dieser Akt der Vergebung ist etwas, was für deinen kognitiven Bereich relativ einfach zu erkennen ist. Dennoch wirst du eine emotionale Barriere spüren, die es dir nicht erlaubt, das zu realisieren. Diese innere Barriere ist am Ende nichts anderes, als erlernte und autosuggerierte

Moralvorstellungen. Deshalb ist es so enorm wichtig, in der Lage zu sein, aus Denkmustern auszubrechen, dich eben nicht selber in ein Gefängnis zu sperren, dich nicht selber zu richten. Hier sind die Begriffe richtig oder falsch von entscheidender Bedeutung, und je besser du lernst zu verstehen, dass richtig oder falsch ausschließlich in deinem Kopf existiert, desto einfacher wird es für dich sein, zu vergeben, und dein Verhalten in vielen Situationen zu akzeptieren.

Wir orientieren uns bei jeder einzelnen unserer Handlungen an Prinzipien. Diese Prinzipien sind uns mehr oder weniger bewusst. Es ist durchaus erstrebenswert, sein Handeln an Maximen auszurichten. Sofern wir in der Lage sind, diesen Maximen gerecht zu werden, empfinden wir unser eigenes Verhalten als angenehm und angemessen. Wenn es allerdings um, in unseren Augen, Fehlverhalten geht, so neigen wir sehr häufig dazu, uns selber zu verurteilen. Prinzipien die wir haben, orientieren sich, beziehungsweise leiten sich, aus unseren Moralvorstellungen ab. Wir tendieren dazu, im Falle einer Fehlfunktion, diese Moralvorstellungen gegen uns selber zu verwenden. In diesem Fall fügen wir uns selber Belastungen zu. Das erfolgt nicht über die Beurteilung unserer Handlung, sondern über die Verurteilung dieser Handlung. Das so zu tun ist deine Entscheidung. Niemand zwingt dich zu dieser Entscheidung. Du entscheidest dich aus freien Stücken dazu. Das hängt natürlich sehr häufig damit zusammen, dass du das schon als Kind gelernt hast. Denn deine Eltern werden in der Regel jedes Verhalten, was sie als nicht wünschenswert erachtet haben, verurteilt haben. Auf eine ungeliebte Aktion folgte eine schmerzende Reaktion. Dieses Verhalten hast du für dich übernommen, ohne dir dessen bewusst gewesen zu sein. Das Ausbrechen aus diesem Raster ist enorm wichtig, um dir Fehler selber vergeben zu können.

Hier sei noch einmal gesagt, dass es nicht darum geht, sein eigenes Verhalten gutzuheißen, oder sich mit einer Situation einfach abzufinden. Es ist sicherlich erstrebenswert, nach Prinzipien zu handeln. Aber es ist mit Sicherheit auch sehr belastend, wenn du deine Situation, dein eigenes Fehlverhalten, welches sowieso nur du als Fehlverhalten definierst, zu einem Problem werden lässt. Jeder Mensch macht Fehler. Aber was ein Fehler ist oder nicht, definierst ausschließlich du. Jeder Mensch befindet sich in Situationen, auf die er nur bedingt Einfluss hat. Du entscheidest dich, wie du damit umgehst.

Die Belastungen, die wir uns selber über unsere Moralvorstellungen auferlegen, sind umso vielmehr größer, als wir uns selber wahr machen wollen. Wir sind erfüllt von ihnen, und haben diese zu einer Dimension verinnerlicht, dass wir schon gar nicht mehr realisieren, dass wir das selber getan haben. Wir foltern uns bisweilen selber, weil wir diesen Moralvorstellungen nicht gerecht werden. Die einzige Moralvorstellung, das einzige Grundprinzip aber, sollte Wahrheit und Liebe sein, und nicht etwa Verurteilung. Es geht am Ende nicht darum, deine eigenen Moralvorstellungen so zu verbiegen, dass sie eine Rechtfertigung für dein Verhalten darstellen. Das ist etwas, was jeder immer wieder gerne macht. Das Verhalten wird vor sich selber gerechtfertigt, auf Basis eigener Moralvorstellungen und Gefühlssurrogate. Stattdessen scheint es viel schwieriger zu sein, sein eigenes Verhalten eben nicht zu rechtfertigen, sondern es als Teil von sich selber zu akzeptieren, und somit sich selber zu lieben, ohne Rechtfertigung, sogar ohne die Notwendigkeit der Rechtfertigung.

Wir stellen uns vor anderen und vor uns selber gerne als stark und fähig hin. Dass das nicht immer stimmt, ist vollkommen einleuchtend, allerdings ist nicht derjenige stark, der seine Schwächen ignoriert, nicht derjenige ist stark, der in einem Kampf als der Sieger hervortritt. Stärke zeigt der, der sich seiner eigenen Schwächen bewusst ist, der in der Lage ist, sich nicht für seine Schwächen zu schämen. Stark ist der, der in der Lage ist, einem Kampf auszuweichen, zu erkennen, dass es im Krieg eben keinen Sieger gibt. Schwäche zu ignorieren und zu verleugnen, ist in der Tat eine Schwäche. Schwäche ist aber etwas, was jeder in sich trägt. Und das Wissen um unserer Schwächen, macht uns um so viel stärker. Ohne das Wissen um der eigenen Schwächen, berauben wir uns der Wahrheit, also in Folge weniger Liebe für uns selbst.

Und erstaunlicherweise ist, wie schon erwähnt, die einzige Abhängigkeit die wir haben, die Ursache für alles was uns treibt, die Suche nach Liebe, insbesondere der Liebe für uns selbst. Das ist so erstaunlich, weil es am Ende prinzipiell nur eine Entscheidung von unserer Seite erfordert. Was macht es denn für uns so unendlich schwierig, uns selber zu lieben? Auf den ersten Blick scheint das vollkommen paradox zu sein. Doch hier zeigt sich die fatale Wirkung von Moralvorstellungen.

Einst waren wir durchaus in der Lage, uns selbst zu lieben. Als Kinder sind wir voller Liebe zu uns selbst. Doch das wird uns gnadenlos genommen. Wir werden dessen beraubt. Und was bekommen wir stattdessen geschenkt? Wir erlangen die Fähigkeit, uns selber zu verurteilen, uns selber als minderwertig zu sehen. Eltern plustern sich vor ihrem Kind auf und verkünden voller Inbrunst die magischen Worte:

- Das ist falsch!

- Du bist aber ein böses Kind!

- Das sollst du nicht machen!

- Das macht man nicht!

Das ist der Beginn eines lebenslangen Dramas der Selbstverurteilung und zudem der Beginn von Selbstliebe, die an eine Bedingung geknüpft ist. Das was wir einst durch unsere Geburt in die Wiege gelegt bekommen haben, wird uns entrissen. Es wird uns leichtfertig, als wäre es nichts, genommen. Und das alles unter dem Banner der Gesellschaftsfähigkeit. Aber gesellschaftsfähig zu sein und sich selber zu lieben, muss überhaupt nicht in Widerspruch zueinander stehen. Warum bedarf es denn immer einer Verurteilung? Na logisch! Keine Aktion ohne eine Reaktion in Form von entweder Strafe oder Belohnung. Haben wir ja so gelernt. Das alles sind aber eigene Entscheidungen, nur sehen wir das schon gar nicht mehr.

Die bedingungslose Liebe zu uns selbst wird uns genommen und durch bedingte Liebe ersetzt. Erst wenn wir bestimmte gesellschaftliche Normen, eigene und fremde Erwartungshaltungen erfüllen, erlangen wir sozusagen die Erlaubnis, uns selbst zu lieben. Wenn wir dazu nicht in der Lage sind, versuchen wir, über Substitute diese Selbstliebe zu erreichen. Das passiert über Sex, über Partnerschaften, über Genussmittelabhängigkeiten. Wir sind recht erfinderisch, wenn es um die Befriedigung unseres Liebesbedürfnisses geht. Hier ist ganz wichtig zu erkennen, dass die Liebe die wir von anderen empfangen, es uns lediglich einfacher macht, uns selbst zu lieben. Auch das ist eine gesellschaftliche Norm. Wenn du es schaffst, mit jemand anderem den sexuellen Akt zu durchlaufen, dann ist das ein Erfolg. Und dieser Erfolg wird belohnt mit Selbstliebe. Du erhältst sozusagen einen Liebesgutschein, den du nun einlösen kannst. Und dabei liegt alles direkt vor uns, in jedem Moment, zu jeder Zeit. Bedingte Liebe ist genau das, was wir nicht brauchen. Du hast die Erlaubnis dich selbst zu lieben, jederzeit.

Beispiel Moralvorstellungen (Fortführung Beispiel Wahrheit -> S. 51)

Wir sind zurück in der Karibik und betrachten erneut unsere attraktiven Damen und ihr Dilemma. Die Lüge ist erkannt, und nun stehen sie verwirrt zwischen zwei Stühlen. Schauen wir mal, was aus ihnen wird.

Die Lüge als Lüge zu erkennen, verändert zunächst nichts Erkennbares, außer der Selbstwahrnehmung. Das allerdings hat weitreichende Folgen für die Frauen. Ein Konflikt entsteht aufgrund der Unvereinbarkeit zwischen ihrem tatsächlichen Verhalten und ihrer Erwartungshaltung in Hinblick auf ihr Verhalten. Dieses kollidiert mit ihren Wertevorstellungen, der Basis ihrer Erwartungshaltung.

Beides kann nicht gleichzeitig existieren ohne das Hilfsmittel der Lüge. Dieser Konflikt stellt eine ständige psychische Belastung dar. Die Lüge muss am Leben erhalten werden, und das bedarf der Verleugnung der Wahrheit. Das ist eine niemals endende und kräftezehrende Aufgabe.

Die Erkenntnis der Lüge selber führt zu Schmerz. Traurigkeit bezüglich der beschriebenen Diskrepanz ist ihr Auslöser. Diesem Schmerz muss nun Aufmerksamkeit geschenkt werden, denn eine Verdrängung würde hier nur zum Aufrechterhalten der Lüge führen, und so die Belastung aus dem Konflikt nähren. Ziel der Auseinandersetzung mit dem Schmerz ist nun Selbstliebe.

Diese kann über zwei Mechanismen erfolgen. Entweder vergeben sich die karibischen Schönheiten ihr Verhalten, entscheiden sich so für ihr Wertesystem, weil sie es als wertvoll erachten, und akzeptieren ihr Fehlverhalten wertungsfrei. Das führt aber unweigerlich zu einer Veränderung des Verhaltens selbst, denn andernfalls würden sie sich nämlich ihre Taten vergeben, bei sofortiger Wiederholung derer, das käme einer Illusion gleich.

Oder aber die Damen behalten ihr Verhalten bei, akzeptieren aber unweigerlich, dass sie offensichtlich nicht ihrem bisherigen Wertesystem Folge leisten können. Hier bedarf es der Adjustierung des Wertesystems, um ihr Verhalten mit ihren Prinzipien in Einklang zu bringen.

Beide Vorgehensweisen sind möglich. Keine davon ist besser oder schlechter. In beiden Fällen erfolgt keinerlei Verurteilung ihres Verhaltens, sehr wohl aber eine Begutachtung dessen. Am Ende steht, nach erfolgreicher Auseinandersetzung mit dem Schmerz, Selbstliebe. Ein innerer Konflikt in Bezug auf die dargestellte Situation existiert nicht mehr. Entweder die Frauen behalten ihr Verhalten bei, oder eben nicht, in beiden Fällen, und das ist ganz wichtig, ist Selbstliebe vorhanden, auch wenn sie sich für die Prostitution entscheiden.

Und hier zeigt sich, wie sehr Moralvorstellungen uns zum einen dazu verleiten uns selbst zu verurteilen, und uns zum anderen genau deshalb davon abhalten, uns selbst zu lieben. Wir sperren uns durch sie in ein Gefängnis, personifizieren sie zu Richter und Kerkermeister, machen sie so zu Externen, spalten sie von uns ab. Aber Moralvorstellungen sind nicht unsere Gebieter. Du hast die Macht über sie. Du kannst sie zerstören, verändern, auferwecken und sterben lassen. Du kannst dir die Macht über sie zurückholen. Sie sind nicht absolut. Sie sind nicht DIE Wahrheit, aber sie sind deine Wahrheit. Und einst machtest du sie dazu. Nur gabst du ihnen dummerweise Unantastbarkeit, du erhobst sie zu Heiligen und machtest sie so zu einem Ideal von dir. Und damit gabst du ihnen die Macht über dich. Du hast dich selber ausgetrickst. So etwas kann passieren.

Vergebung

Vergebung ist ein Baustein, der es dir ermöglicht, nachdem du die Wahrheit gefunden hast, nachdem du erkannt hast, dass bestimmte Dinge eben passiert sind, bestimmte Dinge getan wurden, und aus welchen Gründen diese getan worden sind, für Reinheit zu sorgen. Sofern du an deinem bestehenden Wertesystem festhalten willst, ist Vergebung unumgänglich. Sie erlaubt es dir, Gefühlssurrogate zu eliminieren, Ereignisse für dich abzuschließen. Das ist wichtig, denn jedes Ereignis, jede Situation aus der Vergangenheit, welches Gefühlssurrogate ausgelöst hat, ist im Prinzip ein ungelöster Fall. Diese Fälle sammeln sich über Zeit an, und legen sich auf dein Grundgefühl, auf deine Baseline. Liebe hat es sehr schwer, durch diesen Müllhaufen hindurch, nach oben zu gelangen. Wahrheit ermöglicht es dir, diesen Müll zu identifizieren, durch Simplifikation auf den Kern zu reduzieren. Vergebung ist nun ein Kernwerkzeug, welches es dir gestattet, diesen Müll zu entfernen, und zwar für immer.

Die Modifikation deines Wertesystems hat denselben Effekt. Sie macht eine Vergebung hinfällig, sofern deine Wahrheit auf Logikfehler oder Ungereimtheiten innerhalb deiner Moralvorstellungen und Prinzipien hindeutet. Du erkennst den Fehler im System, du erkennst, dass dein System nicht deiner Wahrheit entspricht. Einer Verurteilung der eigenen Person wird so ihre Grundlage entzogen. Diese Modifikation ist in der Regel einfacher zu realisieren als die Vergebung, da sie auf einem kognitiven Prozess beruht und somit logisch hergeleitet werden kann. Vergebung hingegen ist zwar nur eine bedingungslose Entscheidung, aber genau darum um so vieles schwerer durchzusetzen.

Vergebung per se ist nicht besonders schwer zu definieren. Sie bezieht sich sowohl auf das, was andere getan haben, als auch auf das, was du selber getan hast. So wie du anderen vergibst, so kannst du auch dir vergeben. Vergebung bedeutet nichts anderes, als das Geschehene zu akzeptieren, der Wahrheit keinen Widerstand zu leisten. Es bedeutet, sich gegen das Geschehene nicht zu wehren, nicht zu widerstreben dem Unveränderbaren. Vergebung bedeutet jedoch nicht, zu vergessen. Wenn dich jemand über Jahre belogen und betrogen hat, lediglich seinen Nutzen aus dir gezogen hat, dann bedeutet Vergebung nicht, alles zu vergessen was geschehen ist, und ihn zu deinem besten Freund zu machen. Es bedeutet lediglich, zu akzeptieren, dass es so ist wie es ist. Es bedeutet, diesen Menschen mit all dem was er getan hat, als das zu akzeptieren, was er eben ist. Es bedeutet hinzunehmen, dass die Lügen und die Betrügereien eben ein Teil dieser Person sind. Es bedeutet, zu akzeptieren, dass diese Person sich dafür entschieden hat, dich zu belügen, dich zu betrügen. Es bedeutet das Annehmen der daraus resultierenden Traurigkeit, Akzeptanz deiner Entscheidung, dieser Person vertraut zu haben, trotz Unsicherheit ob ihrer Authentizität. Vergebung führt dann zur Vernichtung der mit der Situation und der Person gekoppelten Gefühlssurrogate. Es bedeutet im Prinzip nichts anderes, als zu akzeptieren, dass die Reaktion deiner Umwelt Teil des Reaktionskataloges ist.

Vergebung ist für die meisten sehr schwer umzusetzen. Es kostet wahnsinnig viel Überwindung, und es bedarf einem Heraustreten aus gelernten Denkmustern. Das ist für viele Menschen extrem schwierig. Denn wir haben gelernt, dass es auf jede Aktion eine Reaktion gibt, dass es für jede Tat eine Belohnung oder eine Bestrafung gibt. Eine Tat, wie eben eine Lüge, bedarf unserem Ermessen nach, einer Bestrafung. Wenn jemand belogen wird, dann wird es als vollkommen normal empfunden, wenn er sich darüber ärgert oder wütend ist. Und erneut, stell dir die Frage, warum? Warum ist das okay? Das einzige, was du durch deine eigene Wut erreichst, ist ein Anhäufen von Müll, von Dreck, den du irgendwann sowieso wieder abtragen musst, oder aber er türmt sich irgendwann zu einem so enormen Haufen auf, dass er deine Seele einfach erdrückt, ihr langsam den Atem nimmt.

Zusammenfassung Wirkzusammenhänge

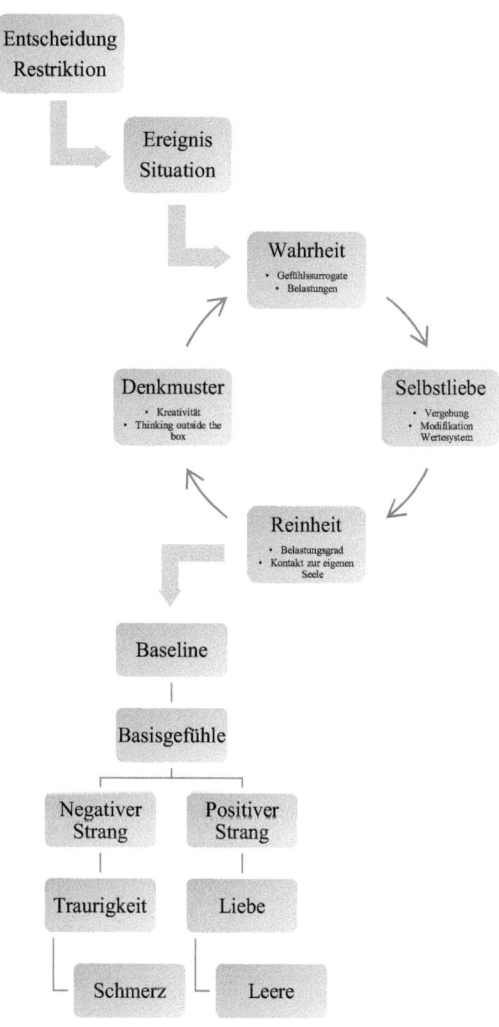

Ereignisse und Situationen, ausgelöst durch Entscheidungen oder Restriktionen des Individuums, münden in dessen Wahrheit. Diese Wahrheit hat Konsequenzen für sein Wesen und setzt einen inneren Prozess der Auseinandersetzung in Gang. Das führt zu einer Veränderung der Persönlichkeitsstruktur. Diese Entwicklung mündet in einer Schmerz-Leere Konstellation, die ihren Ausdruck findet in der Baseline.

Vergebung ist am Ende eine Entscheidung die du triffst. Diese Entscheidung erfordert neue Denkmuster. Diese Entscheidung erfordert ein Heraustreten aus der Gruppe. Es erfordert von dir eine kreative Leistung. Der Lohn für Vergebung ist auch hier Freiheit, ist auch hier am Ende eine dünnere Schicht an Staub, an Dreck, an Geröll, welches den Zugang zu deiner Seele, zu deinem eigenen Kern blockiert. Der Lohn ist Selbstliebe.

Pfade

Die Welt in der wir leben, ist voll von Verurteilungen gegenüber Handlungen, welche keine direkt positive messbare Konsequenz hervorrufen. Das zu beurteilen, überlasse ich dir. Es gibt jedoch einen ganz einfachen Weg, diese Beurteilung für dich selber vorzunehmen. Betrachte dir dein Leben. Schau dir an, was du an Wirtschaftsgütern angehäuft hast, und schaue auf der anderen Seite auf deinen Zufriedenheitsgrad. Ist der Weg, den du bisher gegangen bist, ein Weg, der dir in irgendeiner Form einen Zustand beschert hat, den du als schön bezeichnen würdest? Sei auch hier ehrlich zu dir selbst. Wenn dem so ist, dann ist das doch super. Und das sage ich vollkommen ohne Sarkasmus. Wenn du dich in einem Zustand der Freude, der unverfälschten Freiheit und des tiefen Friedens befindest, dann hast du offenbar einen Weg gefunden, der sich für dich bisher als sehr praktikabel erwiesen hat. Es besteht überhaupt kein

Grund, diesen Pfad zu verlassen. Da du aber ein Käufer dieses Buches bist, denke ich, dass es Dinge in deinem Leben gibt, die dich stark belasten, oder die du zumindest verändern willst, Dinge die ganz offensichtlich nicht erreicht werden, über den Pfad, den du bisher gegangen bist. Vielleicht suchst du aber auch nur nach Inspiration, nach einer neuen Idee, nach einer Erweiterung deiner Welt.

Probiere etwas Neues, was kannst du verlieren? Du kannst immer wieder zu deinem ursprünglichen Pfad zurückkehren. Du kannst immer wieder anhalten, falls dieser für dich nicht funktioniert. Das was du bisher getan hast, läuft nicht weg. Es ist nichts, was du tatsächlich aufgeben musst, um zu erfahren, ob der Ansatz den ich dir vorschlage, für dich nützlich sein kann. Du brauchst einfach nur im Kleinen anzufangen, und du wirst sehen, ob sich das, was ich dir hier als Option biete, für dich in irgendeiner Weise als positiv erweist. Du bist Herr deiner selbst. Alles was du tust, ist deine Entscheidung.

Wenn du erst einmal frei bist von jeglichen Belastungen, bist du in der Lage, dich deiner Gegenwart, deiner Vergangenheit und deiner Zukunft zu widmen, ohne dass diese in irgendeiner Form zu emotionalen Missständen führen. Keine Erinnerung kann dir mehr Schmerzen verursachen. Denn das hast du hinter dir. Das bedeutet Reinheit. Das Ignorieren deiner Vergangenheit, das Ignorieren deiner mit Schmerzen verbundenen Erinnerung, kann niemals zu Frieden und Freiheit führen, zu Liebe für dich selbst schon mal gar nicht.

Warum solltest du dich denn dafür entscheiden, dir nicht über Zukünftiges Gedanken zu machen? Warum solltest du ausschließlich im Jetzt leben, und der Zukunft unvorbereitet entgegentreten? Wenn du doch die Möglichkeit hast, in jedweder Dimension frei zu sein, warum solltest du dich dann bewusst irgendeiner Dimension berauben? Wenn du innerlich rein bist, wenn nichts mehr in dir Schmerzen auslöst, dann hast du doch einen Zustand erreicht, der um so viel mehr ist, als eben nur Bewusstheit. Gleichzeitig ist dieser Zustand auch weitaus hochwertiger, als jede Form von Glücksgefühl.

Je mehr du in der Lage bist, deine eigene Welt zu verstehen, deine eigene Wahrheit zu erkennen, Ereignisse zurückzuführen auf Basisgefühle, desto mehr wirst du zudem in der Lage sein, auch die Motivation deines Umfeldes besser nachzuvollziehen. Du wirst erkennen können, dass die Handlungen vieler Menschen zurückzuführen sind, auf deren eigene Unfähigkeit sich selber zu lieben. Wenn du erst einmal den Prozess der Simplifikation meisterst, dann wird es für dich viel leichter, nicht nur deine eigene Wahrheit zu erkennen, sondern auch die Wahrheit anderer. Das macht es für dich um so viel einfacher, Ereignisse als das zu akzeptieren, was sie eben sind. Du wirst lernen, die Handlungen deiner Mitmenschen als nicht innerhalb deines Einflussbereiches zu akzeptieren. Das führt unweigerlich zu einer emotionalen Reaktion deinerseits, die lediglich auf Basisgefühle zurückzuführen ist. Das wiederum bedeutet, dass das Risiko der Anhäufung von Beschwerden, ausgelöst durch Gefühlssurrogate, über Zeit, und mit steigendem Wissen deines Umfeldes, sinkt.

Irgendetwas läuft hier schief

Du wirst dich unter Umständen in Situation wiederfinden, in denen du dachtest, du hättest alles richtig gemacht. Du hast dich mit deinem Problem auseinandergesetzt und hast alle Schritte durchlaufen, um dich von deiner Belastung zu befreien. Dennoch passiert es, dass das Basisereignis oder die Basissituation immer noch Gefühle in dir hervorruft die fremdartiger Natur sind. Es sind Gefühle, die nicht nur Traurigkeit beinhalten, sondern eben in den Bereich der

Gefühlssurrogate fallen. Das kann passieren. Je nach Schwere der Belastung ist es unter Umständen nicht möglich, sofort eine Lösung zu finden. Meistens findet sich die Ursache dafür in einem von zwei Kernproblemen.

1. Das erste Problem, welches als Ursache in Frage kommt, ist, dass du es nicht geschafft hast, den Kern der Wahrheit ausfindig zu machen. Dieser Prozess steht ganz am Anfang der Selbstreinigung. Auch wenn er auf dem ersten Blick relativ einfach erscheint, so ist die Wahrheitsfindung der schwierigste Teil des gesamten Prozesses und verbirgt manchmal sogar ein grausames Untier, eingemauert im tiefsten Verlies. Denn die Wahrheit zu finden, ist etwas, das Kräfte des Selbstschutzes in dir versuchen zu verhindern. Es gibt bisweilen eine ganze Menge was es da zu schützen gilt. Du hast über Jahre ein Selbstbild von dir aufgebaut, welches je nach Schweregrad sogar ein Eigenleben entwickelt hat, es ist aus der Lüge zur Illusion mutiert und hat sich als blutsaugender Vampir bei dir eingenistet. Jede Erschütterung würde das ganze Gebilde gefährden. Denn häufig kommt die Wahrheit nicht allein. Wenn erst einmal die Fassade anfängt zu bröckeln, finden sich tiefere Schichten die zu neuen Wahrheiten führen. Das ist der Pfad den du mit der Selbstreinigung beschreitest. Du magst vielleicht eine gewisse Tiefe in der Problemanalyse erreicht haben, allerdings bist du womöglich noch nicht bis zum Kern vorgedrungen.

Je belastender das Ursprungsereignis ist, desto tiefer sitzt der Schmerz, desto mehr Mechanismen hast du aufgebaut, um die Lüge am Leben zu erhalten. Das Finden der Wahrheit geht häufig einher mit dem Aha-Erlebnis. Trotzdem du einen solchen Aha-Effekt erfährst, bedeutet das aber noch lange nicht, dass es sich hierbei um den Kern handelt. Du magst zwar eine Ebene tiefer vorgedrungen sein, aber nicht unbedingt das Wesentliche erreicht haben. Der Kern hat nämlich auch immer zu tun mit Schmerz. Und das ist ein Schmerz, den du tatsächlich fühlen kannst. Danach musst du Ausschau halten. Wenn ungewünschte Emotionen in dir aufkeimen bist du auf der richtigen Fährte. Folge dem Ruf deiner Seele, denn sie ruft nach Befreiung!

Sagen wir einmal, der Autokauf des Nachbarn führt für dich nach tagelangem Grübeln zu der vermeintlichen Wahrheit deiner eigenen Minderwertigkeit. Das ist das erste was du fühlst. Und in der Tat geht damit auch eine gewisse Erkenntnis einher, denn das Gefühl ist real in dir, allerdings ausgelöst durch die Verurteilung deiner eigenen Person, und die rührt von deinem Wertesystem. Doch diese Erkenntnis führt zu gar nichts. Dich als minderwertig zu betiteln, und dir das dann im nächsten Schritt zu vergeben, macht keinen Sinn! Du verurteilst dich selbst und vergibst dir deine Minderwertigkeit? Next!

Die Wahrheit ist urteilsfreie Traurigkeit. Deshalb wohnt in ihr Schmerz, denn es existiert kein Grund, kein Schuldiger. Darum verdient sie den Titel Basisgefühl. Nur das was mit Traurigkeit verbunden ist, kann hier Wahrheit sein!

Sei aber nicht zu verbissen in deiner Wahrheitssuche. Es bringt nichts, sich jeden Tag stundenlang damit zu beschäftigen. Manchmal ist es klüger, die Suche für einen Moment zu unterbrechen. Dein Gehirn und deine Emotionen arbeiten weiterhin im Hintergrund und widmen sich dem Problem häufig auf eine viel differenziertere und kreativere Art und Weise, als du es jemals bewusst selber könntest. Diese künstlerische Pause kann am Ende sogar dazu führen, dass du aus heiterem Himmel auf die Wahrheit stößt, dass sie dir förmlich ins Gesicht springt. Weiche nicht aus, denn diese Wahrheit zu beschwören, gelingt nicht jedem.

2. Der zweite mögliche Grund für die Unmöglichkeit der Lösung des Problems, kann aber auch in deinem Wertesystem liegen. Trotzdem du unter Umständen in der Lage bist, zu erkennen, nach welchen Prinzipien du dich selber verurteilst, ist das etwas, das für deinen Verstand zunächst zwar logisch erscheint, was aber auf emotionaler Ebene auf massiven Widerstand stößt. Du wehrst dich innerlich dagegen, entweder dein Wertesystem zu modifizieren, oder aber dir selbst Vergebung zu erteilen.

Die Wahrheit bedarf hier keiner weiteren Analyse, denn die Ursache hast du offensichtlich erkannt, das eigentliche Dilemma vor dem du stehst, ist nun, dass du dich ganz offensichtlich, trotz der Logik die dir alles so einleuchtend erscheinen lässt, dagegen sträubst, diese Logik zu verinnerlichen und als deine Wahrheit zu akzeptieren. Das liegt daran, dass gerade Moralvorstellungen, Prinzipien und Wertesysteme von klein auf erlernt werden. Sie manifestieren sich mit jedem Tag intensiver in dir selbst. Dieses System zu verändern bedarf eines viele massiveren Eingriffs, als es auf den ersten Blick erscheint. Das in den Griff zu bekommen ist sehr schwierig.

Aber auch das ist etwas, das man lernen kann. Wenn du zum ersten Mal Tennis spielst, wirst du vermutlich nicht gegen die Nummer eins der Weltrangliste spielen wollen. Und genauso verhält es sich bei dem Prozess der Selbstreinigung. Du wirst nicht mit dem größten und schwerwiegendsten Trauma in deinem Leben anfangen. Du wirst dich vielleicht zunächst kleinen Dingen widmen wollen, um dich so langsam heranzutasten an deine innere Revolution. Wenn du erst einmal lernst, dir selber im Kleinen zu vergeben, Wertesysteme im Bereich der weniger wichtigen Prinzipien zu modifizieren, dann wirst du erkennen, welch positive Effekte dieser Prozess in sich birgt. Aber viel wichtiger noch wirst du erkennen, wieviel Kraft und Schönheit die Wahrheit in sich birgt und wie sehr Wertesysteme jedes Individuum tagtäglich knechten und es so gesellschaftsfähig machen.

Dieser nervige Nachbar verursacht dir immer noch Kopfschmerzen. Jetzt hast du zwar erkannt, dass kein Zusammenhang besteht zwischen deiner eigenen Verurteilung bis hin zur Titulierung als minderwertiges Geschöpf, und dem höheren Status deines Nachbarn, dennoch ist es zum Haare ausraufen! Du hast zwar verstanden, dass es einfach nur Traurigkeit in dir hervorruft, dass er scheinbar mehr Geld hat als du, dennoch kannst du nicht aufhören, dich zu verurteilen.

Du willst Ansehen, du willst Anerkennung. Und das hat doch schon seit deiner Geburt mit Statussymbolen zu tun! Das größere Schüppchen im Sandkasten, die höhere (geschummelte) Anzahl an Sexualpartnern! Soll das alles wertlos gewesen sein? Ja wie sollst du denn nun wissen, wie wertvoll du bist? Die ganze Sauferei! Deine Hemmschwelle zum betrunken sein sucht seines gleichen! Alles umsonst?

Es war dir immer wichtig, diesem Zusammenhang zu vertrauen, und bisher hat dir diese Illusion auch gute Dienste erwiesen. Du kannst natürlich an diesem System festhalten, das ist deine Entscheidung. Du kannst akzeptieren, dass du eben noch nicht dort angekommen bist wo du sein willst, eventuell führt das sogar zu einem Motivationsschub. Es gibt kein richtig oder falsch hier! Alles deine Entscheidung! Und du wirst fühlen, ob du tatsächlich für Reinheit gesorgt hast. Denn auch Reinheit kann gefühlt werden. Nur belüge dich nicht selbst.

Die Wahrheit ist erbarmungslos. Sie ist machtvoller als deine Logik, größer als deine Prinzipien und Moralvorstellungen! Wenn etwas durch die Wahrheit zerstört werden kann, dann verdient es auch, durch die Wahrheit zerstört zu werden! Lass die Wahrheit mal machen, sie räumt dir selbst den größten Felsen beiseite, für immer.

Es ist ein Ausbruch aus deinem eigenen Kerker, der gefordert wird. Die Gitterstäbe sind aus Titan, und auch der Kerkermeister ist ein Monstrum sondergleichen. Hier hilft keine rohe Gewalt. Der Kerker und all seine Gimmicks sind nämlich Illusion, natürlich, was sonst? Kein Schwert bezwingt eine körperlose Gestalt. Aber je weiter du voranschreitest auf dem Weg der Selbstreinigung, desto stärker und fähiger wirst du. Du wirst dich nicht mehr so leicht täuschen und manipulieren lassen. Du wirst lernen zu sehen, zu erkennen, und so wirst du eines Tages wissen, du wirst so stark sein, dass du selbst den größten Felsen aus dem Weg räumen kannst.

Sich selbst zu vergeben kann man lernen. Sein Wertesystem und seine Moralvorstellungen zu adjustieren, kann genauso gelernt werden, dass alles kommt mit dem Wissen ob deren Wesensmerkmale, deren DNA. Lass dich nicht entmutigen wenn du deine größten Belastungen nicht über Nacht auflösen kannst. Mit der Zeit wirst du verstehen. Manchmal musst du dir eben auch vergeben können, dass du dir nicht immer, nicht jetzt, noch nicht vergeben kannst. Das bedarf keiner Verurteilung, in keinem Wertesystem.

6. Liebe ist meine Baseline

Baseline

Die meiste Zeit verbringen wir in einem emotionalen Zustand der losgelöst ist von Triggern. Wir befinden uns in Situationen, die weder Glücksgefühle hervorrufen noch negative Emotionen in uns auslösen. Dieser Zustand ist unsere Baseline, sie symbolisiert das emotionale Niveau, welches nicht unterschritten werden kann. Ereignisse müssen schon extremen Charakter aufweisen, um diese Baseline nach unten zu durchbrechen.

Je nachdem wie dein Leben aussieht, ist die Baseline eher tendierend in Richtung positiver oder in Richtung negativer Gefühle. Wenn du viele Belastungen mit dir rumträgst, ist die Wahrscheinlichkeit größer, dass sich bei Ausbleiben eines positiven Triggers, deine Baseline an negativen Gefühlssurrogaten orientiert. Glücksgefühle, welchen Ursprungs auch immer, verursachen ein Peak innerhalb deines emotionalen Zustandes. Diese Glücksgefühle schwächen sich über Zeit wieder ab, und dein Zustand kehrt zu deiner Baseline zurück. Bisweilen verursacht aber ein intensives Peak einen heftigen Absturz. Je heftiger dieser Sturz nach dem Glücksgefühl, desto größer die

Wahrscheinlichkeit, sich in negativen Surrogaten zu verlieren, solange, bis der nächste Trigger für ein weiteres Glücksgefühl gefunden wird. Das führt bisweilen zu einem massiven auf und ab deines emotionalen Zustandes, der sich auch in deinem Verhalten zeigt.

Triggerabhängiger Emotionsverlauf über Zeit ohne Baseline

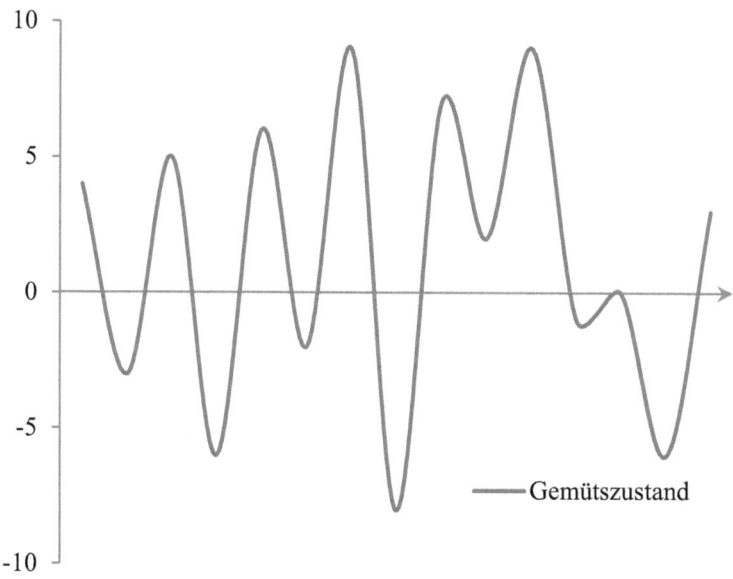

Ohne Baseline haben Ereignisse eine sofortige Auswirkung auf den Gemütszustand entsprechend der positiven oder negativen emotionalen Erfahrung. Das Individuum erfährt das ganze Spektrum der emotionalen Schwankungsbreite im Verhältnis 1:1, das ist das Resultat der Abwesenheit einer Baseline.

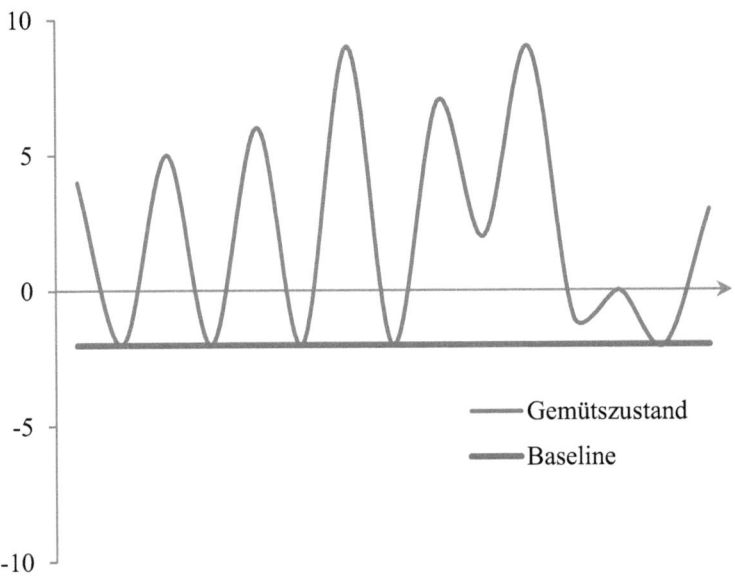

Mit einer niedrigen Baseline haben negativ empfundene Ereignisse keine Auswirkung mehr auf das Individuum im Verhältnis 1:1. Die Baseline sorgt hier als Auffangnetz und schützt so vor einem emotionalen Tief.

Wenn nun deine Baseline Liebe ist, wird es nahezu unmöglich, unterhalb diese Baseline zu fallen, denn es gibt keine Belastungen und keine Beschwerden mehr, die dich von deiner Seele loslösen. Allerdings bleiben positive Gefühlssurrogate wie Glück weiterhin möglich. Du wirst diese als nicht mehr als so intensiv empfinden, denn du kommst nicht aus einem tiefen emotionalen Loch. Wenn deine Baseline Liebe ist, dann ist dein Verlangen nach der

Droge Glück sehr gering, denn die Illusion von Liebe zu suchen, macht wenig Sinn wenn du dich im wahren Zustand von Liebe befindest.

Triggerabhängiger Emotionsverlauf über Zeit mit Liebe als Baseline

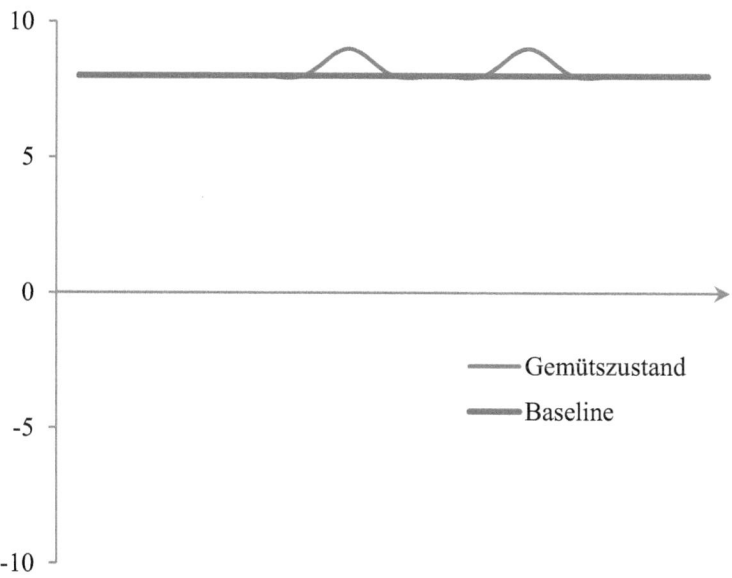

Mit Liebe als Baseline führen selbst negativ empfundene Ereignisse nun nicht mehr zu emotionalen Turbulenzen. Traurigkeit wird zwar empfunden, führt aber zu keinem emotionalen Tief mehr, denn es stellt die gesunde Auseinandersetzung mit einem Ereignis dar und verhindert so die Entstehung von Gefühlssurrogaten. Extrem positiv empfundene Ereignisse führen zwar zu einer kurzfristigen Verbesserung des Gemützustandes, werden aber aufgrund ihrer Nähe zur Baseline nun nicht mehr als so spektakulär empfunden.

Selbst Traurigkeit führt nun zu keinem emotionalen Tief mehr, denn als Basisgefühl birgt es generell keine Probleme. Lediglich eine Umwandlung in Surrogate verursachte Belastungen und Beschwerden. Eine Senkung der Baseline wäre die Folge. Traurigkeit ist unvermeidbar, aber ihr Zulassen stellt eine gesunde Auseinandersetzung mit der Situation oder dem Ereignis dar. Mit Liebe als Baseline ist dieses Zulassen, bei gleichzeitiger Vermeidung von Modifikation und Neuausrichtung der Traurigkeit, der Regelfall.

Weglaufen

Es heißt, die Vergangenheit hole dich immer wieder ein. Das ist zwar richtig, aber besser gesagt ist es die Belastung, die dich immer wieder einholt. Es ist vielmehr die Wahrheit, vor der du nicht davon laufen kannst. Sehr häufig denken wir, dass wir einfach mal neu anfangen können, dass wir einfach mal neu starten sollten, die Vergangenheit vergessen, einfach mal so tun als wäre nichts passiert. Das kann in bestimmten Lebensbereichen durchaus sinnvoll sein und funktionieren, aber in der Regel merken wir sehr schnell, dass früher oder später all das was wir versuchen wollten zu ignorieren, eben nicht ignorierbar ist, und uns umso gewaltiger erneut heimsucht.

Verleugnung und Ignoranz sind enge Verwandte des Glücks. Sie dienen letzten Endes der kurzfristigen Korrektur, der kurzfristigen Erhöhung deiner Baseline. Diese Komponenten bewirken nichts Dauerhaftes, nichts von wirklichem Wert. Sie sind die Snacks der Psyche. Kurzfristig erhöhen sie den Insulinspiegel, verlangen aber als Opfer erneute Nahrung, und das in immer kürzer werdenden Zeitabständen.

Wo auch immer du hingehst, was auch immer du tust, wie sehr du dich auch verkleidest, die Wahrheit ist schon da. Die Wahrheit hat unendlich viel Zeit. Die Wahrheit kann warten, bis dein Glücksgefühl verflogen ist. Die Wahrheit kann warten, bis du auf einmal nicht mehr abgelenkt bist und Zeit hast, nachzudenken. Die Wahrheit altert nicht.

Davonlaufen bedeutet, sich die Augen zuzuhalten und zu hoffen, dass das was du sahst, nun nicht mehr da ist. Nur weil du etwas nicht siehst oder nicht sehen willst, heißt es noch lange nicht, dass es nicht existiert. Zu denken, du könntest Teile aus deinem Leben einfach rausschneiden, Gedankengänge kappen, ist nicht nur illusorisch, sondern auch sehr gefährlich. Im Jetzt zu leben bedeutet nichts anderes, als die Vergangenheit mit all ihren emotionalen Implikationen zu ignorieren. Es ist ein Zustand der dauerhaften Ignoranz. Dieser Zustand ist gleichzusetzen mit täglichem Drogenmissbrauch, um ein künstliches Peak, ein High zu erreichen. Wenn du nicht lernst, dich mit deiner Vergangenheit auseinanderzusetzen, der Wahrheit ins Auge zu sehen, dann wirst du dein ganzes Leben lang einen Rucksack mit dir rumschleppen, der schwerer, schwerer und schwerer wird. Und du darfst nicht vergessen, dass du älter, älter und noch älter wirst. Und wenn du nicht aufpasst, kann die Schwere des Rucksacks irgendwann zu ernsthaften physischen und psychischen Krankheiten führen. Es ist längst bekannt, welche massiven Konsequenzen Stress für den Körper hat. Und dass natürlich deine Belastungen eine Art Dauerstress auf deine Psyche ausüben, scheint einleuchtend.

Manipulation

Egal wo man heutzutage hingeht, überall wird mehr und mehr dafür gesorgt, dass man als Kunde unterhalten wird. Das erfolgt in den meisten Fällen über eine Geräuschkulisse, die häufig gar nicht mehr bewusst wahrgenommen wird. Selbst am Swimming-Pool wird Musik gespielt. Im Fahrstuhl wird Musik gespielt, im Supermarkt wird Musik gespielt. Selbst in den großen Einkaufshäusern ertönt allerorts Musik. Insbesondere Musik hat den Effekt, Gedankengänge zu unterdrücken, abzulenken. Wenn die Musik nur laut genug ist, ist es nahezu unmöglich, einen klaren Gedanken zu fassen. Das scheint etwas zu sein, was in hohem Maße nachgefragt wird. Musik dient der Ablenkung. Es ist letzten Endes die Ablenkung von dir selber. Musik bietet dir die Option, dich nahezu 24 Stunden am Tag nicht mit dir selbst beschäftigen zu müssen.

Da Musik zudem gewisse Emotionen hervorrufen kann, beziehungsweise deinen mentalen Zustand beeinflusst, entweder in Richtung negativer Emotionen wie Aggressivität und Traurigkeit, oder aber in Richtung positiver Emotion wie Freude und Glück, kreiert sie so eine künstliche Baseline. Diese künstlich kreierte Baseline erlaubt es dir, so lange eben dieser Zustand anhält, nicht unter ein gewisses negativ empfundenes emotionales Niveau zu fallen. Aber auch hier gilt natürlich der Grundsatz, dass du vor deinen Belastungen nicht davonlaufen kannst.

Es ist erstaunlich, wie viele Möglichkeiten wir heutzutage haben, um uns vor jeglichem Schmerz, vor jeglicher Auseinandersetzung mit unseren Beschwerden, zu schützen. Alleine das Smart-Phone versorgt uns, wann immer wir es wünschen, mit kleinen Glücks-Snacks. Ständig tragen wir es mit uns herum und vermeiden so jederzeit den Moment der Nicht-Aktivität. In vielen Restaurants hängen Fernseher, um uns im Falle eines plötzlichen Kommunikationsverlustes mit einem Sicherheitsnetz zu versorgen. Die Tendenz zur Installation solcher Instrumente der Selbstentfremdung ist zunehmend, und zwar rasend. Und wir benutzen diese Werkzeuge mittlerweile zu einem solch enormen Ausmaß, dass wir vollkommen aufgeschmissen sind, falls wir auf einmal uns alleine ausgesetzt sind.

Triggerabhängiger Emotionsverlauf über Zeit mit manipulierter Baseline

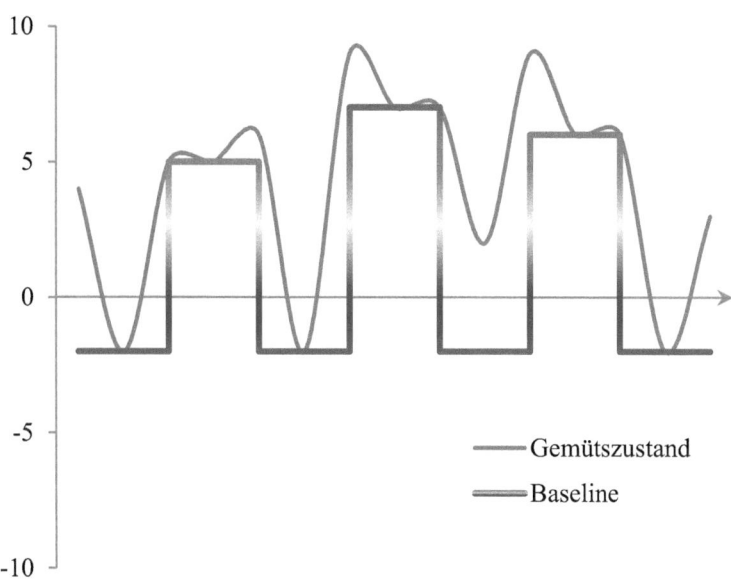

Wenn die Baseline nun eine Manipulation in Form diverser Ablenkungen erfährt, so führen emotional negativ empfundene Ereignisse nun nicht mehr zu einem dem entsprechenden Gemütszustand, sondern werden durch die manipulative Wirkung überschrieben. Der Gemütszustand orientiert sich nun an dem positiven Effekt der gewählten Ablenkung.

Wir haben es uns, bewusst oder nicht, zum Ziel gemacht, unseren Gefühlszustand ständig manipulieren zu wollen. Sei es über Drogen, über Extremsport, über Musik, oder über

Sex. Das alles sind Werkzeuge der emotionalen Manipulation. Ich sage nicht, dass du all diesen Dingen entsagen sollst. Ganz und gar nicht! Ich zeige dir lediglich die Wahrheit. Was du nun mit dieser Wahrheit, mit dieser Erkenntnis machst, ist ganz alleine deine Entscheidung. Ich will dir lediglich vollkommen wertefrei die Augen öffnen, denn in dem was ich sage steckt keinerlei Verurteilung. Ich hoffe das kannst du erkennen. Denn nur weil du unter Umständen Drogen nimmst, du Musik hörst, muss das nicht unweigerlich heißen, dass du vor deinen Problemen davonläuft. Ich will dir nur zeigen, dass bestimmte Dinge zur Gewohnheit geworden sind, Dinge, die dich eben in eine Richtung locken, die nicht Frieden, Freiheit und Liebe bedeuten, sondern Selbstentfremdung, Ignoranz und Verleugnung unter dem Banner des Glücksmoments.

Inverse Baseline

Es gibt extreme Situationen und Ereignisse, die zu massiven Belastungen führen können. Einzelne Erlebnisse können derweil einen solch verheerenden Schaden anrichten, dass sie zu einer Dauerbelastung werden, und so zu einer inversen Baseline führen. Sie ist Indiz für die Unfähigkeit zur Vergebung. Bei einer solchen Konstellation ist es unmöglich, sich oberhalb eines bestimmten Gemütszustandes zu bewegen.

Insbesondere Moralvorstellungen sorgen für eine so vehemente Selbstverurteilung, dass es als unangemessen empfunden wird, sich wohlzufühlen. Diese moralinduzierte Selbstbestrafung stellt eine Restriktion dar, die es dem Einzelne nicht erlaubt, sich sein eigenes oder fremdes Fehlverhalten zu vergeben. Hier wird krampfhaft am bestehenden Wertesystem festgehalten, eine Modifikation ist unerwünscht, denn sie entspräche nicht der Wahrheit des Individuums.

Das für sich betrachtet stellt kein Problem dar, sofern das Prinzip der Vergebung funktioniert. Bei einer inversen Baseline ist das jedoch gerade nicht der Fall. Wenn man sich nämlich dafür entscheidet, sich selbst zu foltern, sich selbst in den Kerker der Depression zu sperren, dann entscheidet man sich für eine Form der Selbstbestrafung, die in einer selbst auferlegten Dauerbelastung mündet. Das ist so gewollt, es entspricht der Vorstellung einer gerechten Strafe, so sieht angemessenes Verhalten aus, gegeben dem Ursprungserlebnis. Das stellt die eigene Sanktion für unwiderrufliches Fehlverhalten dar, es ist final das Ergebnis selbstzerstörerischer Moralvorstellungen.

Es gibt eine Vielzahl von Ereignissen, die zu einem solchen Verhalten führen können. Selbstvorwürfe können, ob begründet oder nicht, so immense Ausmaße annehmen, dass sie zu einer inversen Baseline führen. Beispiele sind:

- Der Tod des eigenen Kindes
- Fehlgeburt
- Querschnittslähmung nach Autounfall
- Schwere Erkrankung des Partners

Es macht keinen Unterschied, inwiefern es Gründe, Rechtfertigungen oder Schuldige für diese Ereignisse gibt. Das ist dem Gewissen vollkommen egal. Es sinnt nach Bestrafung, es lechzt nach Blut. Es wird nicht eher ruhen, bevor ihm nicht ein Opfer dargereicht wird, und selbst dann verlangt sein Schlund immer nach mehr.

All diese Erlebnisse zeigen, wie schwer es uns bisweilen fällt, uns nicht selber zu bestrafen, uns nicht selber in emotionale Ketten zu legen. Das was wir als angemessen erachten, restringiert uns bis hin zur Entstehung von Belastungen, die wir als ewige Bürde für den Rest unseres Lebens mit uns herumschleppen. Wir verstümmeln unser Leben für immer.

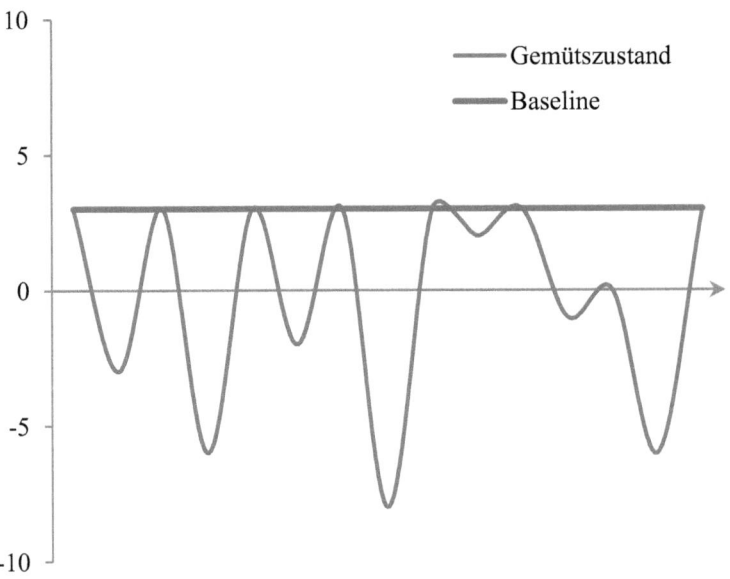

Triggerabhängiger Emotionsverlauf über Zeit mit inverser Baseline

Peaks im Gemütszustand aufgrund sehr positiv empfundener Erlebnisse werden umgehend unterdrückt. Das schlechte Gewissen verhindert das positive Empfinden, es erinnert sofort an die logische Unmöglichkeit des Wohlbefindens dank direktem Verweis zu dem Ursprungserlebnis der manifestierten Dauerbelastung, und sorgt so für Bestrafung. Ein angemessener, emotional positiver Zustand wird aber erlaubt.

Das alles muss aber nicht geschehen, denn das alles existiert nur in uns. Du hast es jederzeit selber in der Hand, aus diesen Mustern auszubrechen, die Ketten zu sprengen. Du bist selbst in der Lage, dich aus diesem Zyklus herauszukatapultieren. Das darfst du niemals vergessen. Sehr häufig denken wir, dass wir gesellschaftlichen Zwängen unterliegen. Das ist aber gar nicht der Fall. Sie existieren nur in deinem Kopf. Denn die Gesellschaft als solches existiert nicht als Person. Sie symbolisiert lediglich das, was eine Mehrheit als angemessen empfindet oder eben nicht. Am Ende entscheidest aber immer nur du ganz persönlich, welche gesellschaftlich suggerierten Normen du in dein eigenes Wertesystem einbinden willst. So wie du Moralvorstellungen übernommen hast, so kannst du sie auch wieder ablegen. Zudem handelt es sich hier um Zwänge, von denen du, nur du, ausgehst, dass sie Teil der gesellschaftlichen Erwartung entsprechen. Die Gesellschaft selber kann aber nicht befragt werden, daher wird es sich immer nur um unbestätigte Vermutungen deinerseits handeln.

Die Gesellschaft als Grund, als Ursache, als Verantwortlichen für deine eigene Welt hinzustellen, entspricht einer Aufgabe der Selbstverantwortlichkeit. Du willst nicht, dass deine Entscheidung auch die deine ist. „Es ist nicht meine Schuld" ist aber lediglich der Schlachtruf der Ignoranten. In dem Moment, wo du einen Schuldigen findest, fällt es dir zwar leichter, dich selber zu akzeptieren, aber nur dank der Geburt einer Lüge. Es ist, als hätte dir jemand deinen freien Willen genommen. Aber genau du bist eben der einzige, der die Wahl hat. Benutze gesellschaftlichen Normen nicht als Entschuldigung oder als Rechtfertigung für dein eigenes Verhalten. Das entspricht der Suche eines Schuldigen, und es verändert nichts an deiner Belastung. Das hilft dir in deiner Welt, in deiner eigenen Wahrheit, absolut gar nichts.

7. Verstehe deine Welt

Die vier größten Bausteine in der realen Welt sind für die meisten Menschen der Job, die Familie, Freunde und die Partnerschaft. Es sollen die Besonderheiten eines jeden Bereiches aufgezeigt werden, um so das Prinzip der Wahrheitsfindung und Selbstreinigung verständlicher zu machen.

Job

Wenn es um den Job geht, solltest du dir beispielsweise folgende Fragen stellen um dich selber zu definieren:

- Wofür habe ich eine Leidenschaft?
- Was kann ich gut?
- Was macht mir Spaß?
- Wo liegen meine Talente?
- Welche Persönlichkeitsmerkmale machen mich aus?

Viele orientieren sich an den falschen Fragen. Diese Fragen sind häufig monetärer Natur und zudem sicherheitsorientiert, sie offenbaren nicht dein Wesen:

- Wo verdiene ich das meiste Geld?
- Wie zukunftssicher ist der Job?
- Ist es ein angesehener Beruf?

Das sind alles Fragen, die mit deiner Wahrheit nichts zu tun haben. Wenn dein Leben im Bereich des Jobs daraus besteht Sicherheit zu erlangen, dann hat das mit der Suche nach Erfüllung und Leidenschaft nichts zu tun. Auch das ist eine Wahrheit die du erkennen kannst. Diese Wahrheit kannst du akzeptieren, und dich so selbst erkennen und dich selbst lieben. Wenn dein Anspruch allerdings ein anderer ist, dann müssen auch die Fragen anders gestellt werden.

Ein Job bietet viele Herausforderungen. Du musst es vielen Leuten recht machen, du bist gezwungen, innerhalb eines relativ restriktiven Rahmens zu handeln. Deine Freiheit ist im großen Maße eingeschränkt. Das führt häufig zu einer Einengung, die viele Leute als Belastung empfinden. Diese Form von Belastungen ist natürlich nicht zuträglich für das Erreichen eines Freiheitsgefühls. Auch hier ist das Prinzip der Reinigung dasselbe. Suche nach der Wahrheit!

- In welcher Situation befindest du dich?
  - Welche Möglichkeiten hast du, deine Situation zu verändern?
  - Was ist dir wichtig?
  - Was ist dir wichtiger?

- Ist vielleicht eine Änderung deiner Einstellung nötig?

- Was will ich?

Am Ende deiner Wahrheitssuche wirst du vielleicht feststellen, dass du gar nicht so viele Alternativen hast, gemessen an dem was du kannst, und gemessen an dem was du dir von deinem Job erwartest. Auch dort liegt die Lösung erneut in der Akzeptanz deiner Situation, in der Erkenntnis, dass du dich eigentlich an einem optimalen Punkt befindest. Auch hier gilt es, die Lüge aufzudecken zwischen dem was möglich ist, und dem was du dir wünschst. Natürlich ergeben sich unendlich viele mögliche Resultate aus dieser Wahrheitssuche. Es obliegt dir, diesen individuellen Weg zu beschreiten.

Im Bereich des Jobs ist die Existenz von Gefühlssurrogaten massiv. Hier wird sehr schnell deutlich, dass die Basisemotion in der Tat Traurigkeit ist. Denn der Handlungsspielraum, die Gestaltungsoptionen innerhalb des Jobs, innerhalb alternativer Jobs etc. ist relativ gering. Um diese Traurigkeit zu überdecken und um den damit verbundenen Schmerz eben nicht zu fühlen, werden in der Regel eine Menge Gefühlssurrogate ins Leben gerufen. Die Traurigkeit wird sehr schnell umgeleitet, sehr schnell neu kalibriert, und es werden Schuldige gefunden für die Situation in der du dich befindest. Das sind natürlich die Kollegen, das ist natürlich der Chef, das sind natürlich äußere Umstände. Zudem erfolgt eine Intensivierung. Wut, Ärger, Frustration, Depression, Verzweiflung sind alles Faktoren die als Surrogate in Frage kommen.

De facto existieren diese Gefühle nur auf Basis der Nichtakzeptanz der zugrundeliegenden Traurigkeit, Nichtakzeptanz der Tatsache, dass es sich eben um Dinge handelt die, und das ist der alles entscheidende Punkt, am Ende Resultat aus einer Reihe selbst getroffener Entscheidungen sind.

Beispiel Job

Wenn am Ende deiner Wahrheitssuche beispielsweise steht, dass du die Situation in der du bist, selber zu verantworten hast, bisher nichts unternommen hast, um dieser Situation zu entfliehen, weil diese Situation das Optimum darstellt von dem was du überhaupt erreichen kannst, gemessen an deinen Fähigkeiten, an deinen Umständen, an deinen Wünschen, dann ist es ganz offensichtlich, dass diese Situation in der du bist, eigentlich genau das ist, wofür du dich entschieden hast. Und das ist wiederum sehr paradox! Denn du fühlst dich in einer Situation unwohl, die gleichzeitig aber das Maximum des Erreichbaren darstellt. Und das ist dann eben genau die Lüge, in der du dich befindest. Und um diese Lüge am Leben zu erhalten, musst du natürlich andere Leute verantwortlich machen für deine vermeintliche Handlungsunfähigkeit, für deinen vermeintlich limitierten Alternativkatalog.

Wenn du es nun aber geschafft hast, diese Wahrheit zu entlarven, die Traurigkeit zu enthüllen, und den damit verbundenen Schmerz zu durchleben, denn es ist schmerzhaft zu erkennen, dass sämtliche Beschwerden, sämtlicher Ärger, sämtliche Wut eine Lüge darstellen, die dein Ego schützt, dann vernichtet dieser Akt all deinen Ärger, all deine Wut, deine illusorische Stadt, all deine illusorischen Gebäude, dann hat die Wahrheit ihr Werk vollbracht, dann stehst du vor dem Nichts, dann ist Belastung nicht mehr, dann existiert in dir nur Liebe für dich selbst.

Was passiert also in diesem Prozess? Ganz einfach, du erkennst die Wahrheit, akzeptierst, dass diese Wahrheit

Resultat deiner getroffenen Entscheidungen ist, und dadurch verändert sich deine Einstellung zu dieser Wahrheit. Denn jetzt bist du bereit anzuerkennen, dass ja eigentlich das was du hast, das ist, was Resultat all deiner Entscheidungen ist, selbst wenn du dir etwas anderes erhofft hattest. Und wenn du mit dieser Reinheit, wenn du mit diesem Nichts in dir drin, dieselbe Situation in Angriff nimmst, werden Emotionen wie Wut, Ärger und Unzufriedenheit überhaupt gar keine Chance mehr haben zu existieren. Vielleicht wirst du sogar dankbar sein für das was du hast.

Wenn jemandem die Frage gestellt wird, ob er etwas in seinem Leben bereut oder nicht, kommt häufig der Verweis auf Situationen, die sich im Leben nur einmal geboten haben. Häufig sind das Dinge, die heutzutage als unsicher und Mumpitz abgetan werden. Das sind die Chance, eine Karriere einzuschlagen als Künstler, Sänger, Maler, Bildhauer, oder bspw. Tänzer. Sehr häufig bieten sich solche Gelegenheiten nur ein einziges Mal im Leben. Diese Gelegenheiten müssen überhaupt nicht unter dem Gesichtspunkt betrachtet werden, ob ein eventueller Erfolg eintreten kann oder nicht. Die Erfahrungen, die aus einer solchen Chance entstehen, sind enorm und durch nichts zu ersetzen.

Beim Ergreifen dieser Chance geht es überhaupt nicht um die Frage eines möglichen Erfolges. Das kann vorab sowieso niemand einschätzen. Der entscheidende Punkt hier ist, dass es eine Erfahrung darstellt, die nicht jeder hat. Zum anderen ist es eine Erfahrung, von der du weißt, dass wenn du sie nicht ergreifst, du das früher oder später vermutlich bereuen wirst. Was kannst du denn verlieren? Das ist die Frage die du dir stellen musst. Und am Ende ist das, was du tatsächlich verlieren kannst, absolut minimal, gemessen an dem, was du ohnehin gewinnst, unabhängig davon, wie lange der Traum anhält.

Familie

Die Familie können wir uns nicht aussuchen. Dennoch halten viele Leute die Familie für eine wichtige und wertvolle Komponente in ihrem Leben. Zusammenhalt in der Familie ist für viele ein wichtiges Thema. Häufig ist dieser Zusammenhalt jedoch teuer erkauft. Die Familie gilt vielerorts als etwas, worauf man sich verlassen kann. Familienmitglieder halten zusammen, helfen einander und im Idealfall wünscht man sich gegenseitig das Beste. Wenn das alles so stimmt und wenn die Familie intakt ist, dann ist das etwas Wunderschönes und kann in vielen Lebensbereichen helfen. Häufig sind die Kompromisse die man eingeht, um den Familienzusammenhalt aufrecht zu erhalten, jedoch so immens, dass sie Belastungen kreieren.

Im Familienbereich ist das Handeln nach der eigenen Wahrheit weitaus eingeschränkter als in anderen Beziehungsbereichen. Hier spielen Verhaltenscodices und Erwartungshaltungen eine sehr große Rolle. Je nachdem wie eng der Verwandtschaftsgrad ist, und je nachdem wie das eigene Wertesystem geprägt ist, fällt es eben leichter oder schwerer, nach der eigenen Wahrheit zu handeln. Gerade wenn es um enge Familienmitglieder wie Eltern oder Geschwister geht, fühlen wir uns gerne verpflichtet, bestimmte Dinge zu tun, die in keiner Weise unserer eigenen Wahrheit entsprechen. Da sich das Beziehungsgeflecht Familie durch das ganze Leben zieht und kaum Modifikationen in Bezug auf ihre Mitglieder erfährt, im Gegensatz zum Freundes- oder Partnerschaftsbereich, ist dieser Bereich besonders gefährlich im Hinblick auf das Entstehen von Dauerbelastungen. Wenn sich erst einmal eine gewisse Verhaltenskonstellation ergeben hat, wird es mit der Zeit schwerer und schwerer, aus dieser Konstellation auszubrechen. Nicht selten führt ein solcher Ausbruch dann zu einer Familienkrise. Manchmal ist aber genau das nötig, um sich selbst zu retten. Genauso wenig wie es richtig oder falsch gibt, fair oder ungefähr, genauso wenig spielt es eine Rolle, ob du deine Wahrheit gegenüber deinem Chef, einem Fremden, deinem Freund, oder deiner Mutter gegenüber vertrittst, natürlich fällt dies bestimmten Personen gegenüber leichter, anderen gegenüber schwerer. Und wieder zeigt sich, wie hilfreich es ist, aus bestehenden Denkmustern ausbrechen zu können. Wenn du in der Lage bist, selbst denjenigen mit deiner Wahrheit entgegenzutreten, die traditionell als Autoritätspersonen oder Respektspersonen gesehen werden, dann hast du einen großen Schritt getan in Richtung Selbstliebe.

Beispiel Familie

Am Sonntagnachmittag steht die Tante mit dem Kuchen vor der Tür und unterrichtet dich in heller Begeisterung, dass dies eine Überraschung darstellt. In der Tat eine Überraschung für dich, denn du warst eigentlich kurz davor ins Fitnessstudio zu gehen. Was machst du? Das ist keine einfache Frage, denn jede Entscheidung die du hier triffst, hat unter Umständen weitreichende Konsequenzen. Häufig gehen Leute den Weg des geringsten Widerstandes. So entscheidest du dich, um des Friedens willen, zurück zu stecken und einfach mal die Tasche in die Ecke zu schmeißen, um sich dem sagenumwobenen Kuchen hinzugeben.

Schau dir mal die einzelne Konsequenzen an, die für dich auftreten. Zunächst einmal sei gesagt, dass die Konsequenzen für deine Tante in Bezug auf deine Entscheidung, vollkommen unerheblich sind, denn es geht um deine Freiheit, um dein Leben. Gehen wir zunächst einmal davon aus, du entscheidest dich dafür, der Tante zu sagen, dass mit Kuchen heute nix ist, denn du hast andere Pläne, sie hätte vielleicht vorher anrufen sollen. Sicherlich ist die Art und Weise wie die Botschaft übermittelt wird, sowohl Wortwahl als auch Tonfall, von entscheidender Bedeutung für die Reaktion deiner Tante. In keiner Weise sind Wortwahl und Tonfall relevant für deine Konsequenz. Was heißt das alles nun für dich? Du kannst machen was du willst. Du kannst ins Fitnessstudio gehen und hast somit am Ende das bekommen, was du dir gewünscht hast.

Gleichzeitig hast du aber unter Umständen eine gewisse Form von Belastung in dir kreiert. Das schlechte Gewissen! Jetzt obliegt es dir, dieses schlechte Gewissen zuzulassen oder nicht. Denn auch hier hast du die Entscheidungsfreiheit, schleichende Gewissensbisse nicht zuzulassen, sogar ohne eine Rechtfertigung dir selber gegenüber, denn du hast hier die Entscheidung getroffen, nach deiner Wahrheit zu leben und dich im Zuge dessen selbst zu lieben, trotz der Verschmähung des heiligen Kuchens. Das schlechte Gewissen stellt nichts anderes dar, als den Auslöser für deine Belastung. Denn egal welche Entscheidung du triffst, in beiden Fällen besteht Potenzial für die Entstehung von Gefühlssurrogaten. Das schlechte Gewissen per se ist ein Produzent von Gefühlssurrogaten. Du kannst aber die Entscheidung treffen, ob du dich selber damit belasten willst. Du hast die Option, dich und deine Entscheidung mit allen anfallenden Konsequenzen zu akzeptieren. Du kannst dir den Bruch, nicht nach dem allgemeinen Konsens gehandelt zu haben, vergeben. Das ist ein Ausdruck der Liebe für dich selbst. Das hat mit Egoismus in keiner Weise auch nur das Geringste zu tun. Es ist nicht dein Problem, ob deine Tante damit ein Problem hat!

Es wird aber eher zu deinem Problem, wenn du der Tante, und somit vielmehr dem Kuchen, nachgibst, so wie hier geschehen. Schauen wir uns einmal diese Konsequenzen an. Du verbringst den Nachmittag mit etwas, was du dir nicht gewünscht hast. Sicherlich kann diese Situation sich zu etwas entwickeln was dir Freude bereitet. In der Regel wird das allerdings nicht passieren. Stattdessen wirst du höchstwahrscheinlich eine ganze Menge an Gefühlssurrogaten produzieren. Du wirst ärgerlich sein, frustriert, vielleicht wirst du sogar verfluchen, dass du nicht für deine eigenen Wünsche eintreten kannst. Das Resultat ist in jedem Fall eine Belastung für dich. Und diese Belastung ist unter Umständen weitreichend, denn das Signal was du deiner Tante sendest, mag sie in Zukunft zu weiteren Backorgien veranlassen.

Was ist denn hier die Wahrheit? Die Wahrheit ist, dass du traurig bist, dass du am Ende nicht stark genug warst, deinen Willen durchzusetzen. Du hast aber auch hier die Möglichkeit, sämtliche Gefühlssurrogate sofort zu eliminieren, indem du akzeptierst, dass du zumindest heute nicht stark genug warst deiner Tante zu sagen, sie solle selbst dem Kuchen huldigen. Du akzeptierst deine Schwäche und akzeptierst sämtliche Konsequenzen, die mit dieser Schwäche einhergehen. Das Resultat ist Freiheit, Selbstliebe und die Zerstörung sämtlicher Belastungen.

Du siehst also, egal wie du dich entscheidest, du hast zu jedem Zeitpunkt die Möglichkeit, ein Ereignis entweder zu einer Belastung werden zu lassen, oder aber dich sofort von dieser schwanenden Belastung zu befreien. Und das Prinzip ist, egal in welchem Lebensbereich, immer dasselbe. Finde die Wahrheit. Akzeptiere die Wahrheit. Realisiere, dass du für diese Wahrheit verantwortlich bist. Das Resultat ist Liebe zu dir selbst, durch Vergebung, und die Zerstörung sämtlicher negativer Surrogate die damit einhergehen.

Zu Anfang wird es dir vermutlich noch schwer fallen, diesen Prozess bewusst zu durchlaufen. Mit der Zeit wird es ein Automatismus. Die Wahrheit zu erkennen ist bei weitem nicht einfach. Sich selbst von außen zu betrachten ist auch nicht einfach. Den Moment der Kontrolle über seine Gefühle zu erlangen ist auch nicht einfach. Aber so ist das Leben eben. Frieden, Freude, Liebe, Reinheit zu finden, ist nichts was einfach mal so im Nebensatz passiert. Es ist in der Tat eine Lebensaufgabe. Für den einen oder anderen vielleicht die Lebensaufgabe. Aber eines ist vollkommen klar, wenn du es schaffst, eine Leere in dir zu kreieren und diesen Zustand aufrechtzuerhalten, ist die Belohnung dieser Zustand selbst. Das Resultat wird sein, dass du erkennst, dass du eigentlich nicht viel brauchst. Das Schöne an diesem ganzen Konstrukt ist die Tatsache, dass jeder zu jedem Zeitpunkt in seinem Leben in der Lage ist, damit zu beginnen. In der Lage sein und tatsächlich das Ziel erreichen, sind jedoch zwei verschiedene Paar Schuhe.

Freundschaft

Freunde können wir uns natürlich aussuchen. Im Bereich der Freundschaft existiert eine höhere Toleranzschwelle gegenüber deiner Freunde als zu deinem Partner innerhalb einer Beziehung. Zudem kannst du dich von Freunden schneller trennen als von deinem Partner oder deiner Familie im Falle grober Fahrlässigkeit. In einer Freundschaft sind Fragen die du dir stellen kannst folgende:

- Warum bin ich mit dieser Person befreundet?
- In welche emotionalen Zustände versetzt mich diese Person?
- Empfinde ich die Freundschaft als Belastung oder aber als Unterstützung?
- Welchen Nutzen ziehe ich aus dieser Person?

- Wozu dient mir diese Freundschaft in Bezug auf meine emotionalen Bedürfnisse?

Dir solcherlei Fragen zu beantworten dient natürlich der Definition einer konkreten Freundschaft, und zeigt dir, welche Motive du, beziehungsweise dein Freund hat, in dieser Form von Beziehung.

Freundschaften können bisweilen eine ganze Menge Zeit in Anspruch nehmen und eine Menge Stress verursachen. Es wird erwartet, dass man auf Textnachrichten sofort reagiert. Es wird erwartet, dass man sich mit einer gewissen Häufigkeit bei der anderen Person meldet. All diese Erwartungshaltungen sind wechselseitiger Natur. Gerade im Bereich der Freundschaft ist hier, je nach Persönlichkeitsstruktur des Freundes, das höchste Maß an Flexibilität für Beziehungen überhaupt zu finden. Die Möglichkeit, Freundschaften ins Leben zu rufen und Freundschaften zu kündigen, besteht in jedem Moment. Das resultiert sehr häufig in der Tatsache, dass es sich bei Freundschaften um zwischenmenschliche Beziehung handelt, die in der Regel den geringsten Belastungsgrad aufweisen. Hier scheint es so zu sein, als würden alle Beteiligten viel näher an ihrer Wahrheit leben, ihr Verhalten viel eher an ihren eigenen Realitäten und an dem Prinzip der Selbstliebe ausrichten. Es scheint sogar so zu sein, als bilde die Selbstliebe die Basis für die Auswahl der Freunde.

Gleichzeitig hat man über die Wahl der Intensität der Wechselwirkung mit der anderen Person die Möglichkeit, den Freundschaftsgrad zu regulieren. In dem Moment, wo Erwartungshaltungen zunehmen, in dem Moment wo erfolgte Reaktion und Erwartungshaltungen divergieren, in dem Moment, wo die Erhaltung der Freundschaft in den Bereich von Stress übergeht, entsteht durch Freundschaft Belastung. Diese Belastungen können aber im Gegensatz zu vielen anderen Situationen relativ einfach gelöst werden. Sollte es sich nämlich um unüberwindliche Probleme handeln, ist eine Kündigung der Freundschaft jederzeit möglich. Sofern es sich um Dinge handelt, bei denen eine Verhaltensänderung einer oder beider Person zu einer Eliminierung der Belastung führt, so ist auch das etwas, was zu einer einfachen Lösung führt. Sollte man sich aber trotz Versagen beider Optionen für das Weiterbestehen der Freundschaft entscheiden, so dient auch hier der Prozess der inneren Reinigung der Eliminierung der daraus entstehenden Belastung.

Beispiel Freundschaft

Wenn du beispielsweise mit einer Person befreundet bist, die dir, in welcher Form auch immer, monetäre Vorteile verschafft, andererseits aber massiven Stress verursacht, so kannst du das über den Prozess der Wahrheitsfindung für dich selber erkennen. In dem Moment, wo du diese Wahrheit erkennst, kannst du dich dafür entscheiden was dir wichtiger ist.

Jetzt entsteht aber durch diese Entscheidung, da es sich um einen moralischen Zwiespalt handelt, unter Umständen eine Belastung. Nehmen wir an, du entscheidest dich für die Freundschaft und bist nun infolgedessen Stress ausgesetzt. Dich selber zu akzeptieren als eine Person, die eben für einen monetären Vorteil durchaus bereit ist, diese Stresssituation in Kauf zu nehmen, bringt dich natürlich der Selbstliebe näher.

Wenn du es schaffst, deine wahren Motive für deine Entscheidung freizulegen, und diese Motive als zu deiner Person zugehörig zu akzeptieren und nicht zu verurteilen, dann hast du einen Grad von Selbstliebe erreicht, indem überhaupt gar keine Chance mehr besteht, diese Situation zu einer Belastung werden zu lassen.

Dieser Prozess der Wahrheitsfindung bis hin zur Befreiung von der Belastung, ist im Bereich der Freundschaft vermutlich am leichtesten durchzuführen, da der eigene Handlungsspielraum enorm groß ist und ernsthafte Konsequenzen für keine der Parteien zu erwarten sind.

Partnerschaft

Eine Partnerschaft ist in vielen Fällen geprägt von einer Aneinanderreihung von Glücksgefühlen. Jede Form von zwischenmenschlicher Beziehung tendiert dazu, die Partnerschaft jedoch zeigt diesbezüglich die höchste Ausprägung. Hier zeigt sich noch viel deutlicher, dass es sich bei Glück um kurzfristige Komponenten handelt. Die Partnerschaft stellt sehr häufig einen Fluchtpunkt dar. Es ist so einfach, sich in die Partnerschaft zu flüchten, es ist so einfach, seinen Partner für sein Glück, für sein eigenes Glück verantwortlich zu machen. In dem Moment, wo eine Beziehung nicht mehr so funktioniert, wo die Glücksgefühle nicht mehr so stark aneinandergereiht kommen, wird auf einmal wieder die Belastung des Einzelnen sichtbar. Ein Partner stellt in vielen Fällen überhaupt nichts anderes dar, als eine Möglichkeit der Entlastung. Die Interaktion mit dem Partner, sei es sexueller oder asexueller Natur, stellt immer eine Ablenkung dar. Es ist immer eine Entlastung über Glücksgefühle. Die Vorfreude den Partner zu sehen, das Zusammensein mit ihm, die Sehnsucht, wenn man nicht zusammen ist sind alles Entlastungen von den Belastungen die man mit sich herumschleppt.

Die meisten Menschen machen den Fehler, dies mit Liebe zu verwechseln. Das was eigentlich passiert ist, dass sie ihren Partner so lange „lieben", solange er in der Lage ist, ihnen Glücksgefühle zu bereiten. In einer Partnerschaft erfolgt das ganze sogar unentgeltlich, und ist dadurch relativ leicht umzusetzen. Auch eine Partnerschaft ist in den meisten Fällen nichts anderes als eine Droge. Die Tatsache, dass die Dauer einer Partnerschaft sehr häufig abhängig ist von dem Glück, was einem der andere geben kann, zeigt ganz klar eine Dysbalance. Die Liebe, die ich für meinen Partner habe, ist sehr häufig eine Missdeutung, und bezieht sich lediglich auf ein Glücksgefühl, was ich für einen Moment habe, und deshalb viel eher als Liebesglück zu bezeichnen. Es ermöglicht dir, all das zu vergessen, was eben Teil von dir ist und dich belastet. Und das kann zum Teil über einen sehr langen Zeitraum geschehen.

Liebe innerhalb der Partnerschaft bedeutet häufig eben nicht wirklich Liebe. Liebe in der Partnerschaft findet sich meistens über die Erfüllung von Erwartungshaltungen. Dein Partner akzeptiert dich zum Großteil so wie du bist. Er bringt dir Wertschätzung entgegen. Er zeigt dir durch seine Handlungen, durch seine Gesten, durch Worte, dass du ihm etwas bedeutest. Die Tatsache, dass du für eine andere Person einen gewissen Wert darstellst, verändert über einen kognitiven Prozess auch deine Einstellung zu dir selber, und ermöglicht es so, Aspekte an dir zu akzeptieren, die du vielleicht vorher nicht akzeptieren konntest. Somit steigt deine Liebe für dich selbst durch deinen Partner. Am Ende ist aber die so genannte Liebe deines Partners nichts anderes, als ein Zustand, der in dir ein Glücksgefühl verursacht, welches dir, wie schon beschrieben, für einen kurzen Moment ermöglicht, alles um dich herum zu akzeptieren und dich selber zu lieben.

Die Liebe deines Partners wird aber immer an Bedingungen geknüpft sein, und kann daher niemals die Liebe zu dir selbst ersetzen. In dem Moment, wo dein Partner dir diese Wertschätzung nicht mehr entgegenbringt, wird, wie so häufig, die Liebe weniger. Das ist eine Tatsache, von der nahezu in jeder Beziehung berichtet wird, dass nämlich am

Anfang die Liebe so immens groß war und sich dann über Zeit verabschiedet hat. Tatsache ist, dass es sich hier gar nicht um Liebe gehandelt hat, sondern um ein Glücksgefühl, dass durch einen externen Trigger ausgelöst wurde. Demnach ist Liebe innerhalb einer Partnerschaft so häufig nichts anderes, als ein günstig erkauftes Glücksgefühl.

Diese Form von Liebesglück hat nichts, aber auch rein gar nichts zu tun, mit Liebe per se. Das heißt nicht, dass es Liebe in einer Partnerschaft nicht gibt. Ganz im Gegenteil. Liebe ist dort zu finden, wo ich meinen Partner als das annehme, was er eben ist. Wenn ich ihn erkenne, wenn ich die Wahrheit in der Beziehung erkenne, und mich dann dafür entscheide, diese Wahrheit mit all ihren Konsequenzen und Unvollkommenheiten anzunehmen, dann handelt es sich um Liebe. Denn auch hier bedeutet Liebe eben Vergebung, Akzeptanz, Abstinenz von Verurteilung. Diese Liebe ist nahezu überhaupt nicht anzutreffen. Denn sehr häufig finden sich gerade in Beziehungen Gefühlssurrogate als Resultat aus nicht erfüllten Erwartungen, Lügen, Veränderungswünschen.

Natürlich stellt der Wunsch nach Veränderung deines Partners in vielen Situationen eine Wahrheit in dir dar. Über Zeit wird sich herausstellen, ob diese Erwartungen, beziehungsweise wie diese Erwartungen, von deinem Partner erfüllt oder nicht erfüllt werden. Hier ist dein Partner auch nichts anderes als deine Umwelt, und du verhältst dich innerhalb dieser Umwelt in einer gewissen Art und Weise. Wenn jetzt dein Verhalten eine Reaktion hervorruft die dir nicht gefällt, dann ist das etwas, was du als Wahrheit für dich erkennen und eben nicht zu einer Belastung werden lassen kannst. Wenn du nach einer gewissen Zeit bestimmte Wahrheiten herausfindest innerhalb der Beziehung, dann hast du auch hier die Möglichkeit, dir selber die Frage zu stellen, ob die Situation in der du dich mit deinem Partner befindest eben eine Situation der Liebe ist, oder aber voll von

Belastungen, weil du dich eben nicht dafür entscheiden willst, das was du an deinem Partner nicht magst, zu akzeptieren. Das aber ist erneut eine deiner eigenen Entscheidungen.

Du hast immer und zu jedem Zeitpunkt zahlreiche Handlungsmöglichkeiten. Du bist in jedem Moment selbst verantwortlich. Und wenn die Wahrheit ist, dass du deinen Partner aufgrund einiger Nickligkeiten nicht verlassen willst, oder dass du Angst hast, keinen anderen Partner zu finden, oder dass du den finanziellen Ruin fürchtest, dann ist auch das immer eine Wahrheit, die es für dich gilt zu akzeptieren. Denn eines ist vollkommen klar, selbst wenn du dich entscheidest, bei deinem Partner zu bleiben aufgrund einer lediglich finanziellen Situation, dann bietet dir das die Möglichkeit, dich zu lieben einerseits, andererseits hast du natürlich auch die Möglichkeit, diese Wahrheit zu einer Belastung für dich werden zu lassen, indem du dich verurteilst wegen der falschen Motive in dieser Partnerschaft zu sein. Das alles sind Entscheidungen, und jede Entscheidung hat entweder zur Folge dass sie Belastungen in dir anhäuft, oder aber nicht.

Gerade in einer Partnerschaft spielen die Persönlichkeit und der emotionale Zustand des Partners eine ganz entscheidende Rolle und haben massive Auswirkungen auf dich. Es gibt Menschen, die wollen sich nicht verändern. Es gibt Menschen, die würden sich gerne verändern, können es aber nicht. Im Mittelpunkt jeder Partnerschaft musst deshalb du selber stehen. Und auch wenn es dir nicht bewusst ist, so bist du derjenige, der eben in jeder Sekunde der Partnerschaft eine Entscheidung trifft, und zwar die, in dieser Partnerschaft zu bleiben. Jeder Augenblick, den du in einer Partnerschaft verbringst, ist eine Entscheidung deinerseits, diese Partnerschaft weiterzuführen.

Zu wissen, dass sich bestimmte Personen einfach nicht ändern können, ist eine ganz entscheidende Erkenntnis. Dieser Punkt bedarf der Akzeptanz. Diese Tatsache ist für dich sowieso nicht relevant, denn am Ende hast du eh nur Einfluss auf eine einzige Sache, auf dich und dein Verhalten. Häufig wird auch dieser Einfluss überschätzt. Denn bisweilen bist du nicht so frei in deiner Entscheidung wie du vielleicht denkst. Sehr häufig triffst du Entscheidungen, von denen du denkst, sie seien logischen Ursprungs. Die Wahrheit liegt jedoch ganz woanders, unter Umständen sogar in einer tiefen emotionalen Belastung. Ein ganz einfaches Beispiel ist die Wahl deines Partners aufgrund von Statusaspekten, und eben nicht aufgrund von Persönlichkeitsmerkmalen.

Wenn du in einer Partnerschaft bist, die für dich keine Belastung darstellt, dann bist du schon an dem Punkt, an dem du sein willst. Sehr häufig gibt es aber viele Faktoren in einer Partnerschaft, die für dich eine Belastung darstellen. Auch hier stellt sich die Frage nach der Wahrheit. Auch hier greift das Prinzip der Selbstreinigung.

Beispiel Partnerschaft

Nehmen wir an, du findest heraus, dass dein langjähriger Partner dich betrogen hat. Diese Situation führt zu einer Menge von Gefühlssurrogaten. Hass, Wut, Rachegefühle, Frustration, Depression, das alles stellen mögliche Emotionen dar die in dir auftauchen. Sehr häufig wird nun versucht, den Grund für das Fremdgehen zu finden und zu analysieren. Tatsache ist aber, dass der Grund vollkommen unwichtig ist. Was hilft es dir, wenn du herausfindest, dass sich in einem Moment der Schwäche dein Partner zu jemand anderem hingezogen gefühlt hat? Was hilft es dir, wenn dein Partner dir sagt, dass er keine tiefen Gefühle mehr für dich hegt? Welche Erkenntnis gewinnst du, wenn dir dein Partner sagt, dass du ihn in der Vergangenheit vernachlässigt hast? Das alles hilft dir rein gar nichts bei der Bekämpfung der aus dem Betrug entstandenen Belastungen und Komplikationen. Denn was geschehen ist, ist nicht mehr rückgängig zu machen.

Die Wahrheit ist, und das ist offensichtlicher denn je, dass alle Emotionen die in dir auftauchen, ursächlich auf Traurigkeit zurückzuführen sind. Traurigkeit worüber? Natürlich bist du traurig, dass deine Erwartungshaltung gegenüber deinem Partner in Bezug auf Treue nicht erfüllt wurde. Natürlich divergiert die Vorstellung, die du von dieser Beziehung hattest, massiv von dem eingetretenen Ereignis. Gleichzeitig hat der Betrug natürlich weitreichende Konsequenzen für die Beziehung selbst. Du bist traurig darüber, deinem Partner nun nicht mehr vertrauen zu können. Du bist traurig darüber, dass diese Beziehung höchstwahrscheinlich am Ende ist. Der damit verbundene Schmerz ist natürlich immens, denn diese Beziehung war wichtiger Bestandteil deines Lebens.

Diesen Schmerz gilt es nun zuzulassen! Über dein Wertesystem generierst du eine Menge Verurteilungen gegenüber deiner eigenen Person. Du empfindest dich als minderwertig, weil du es nicht geschafft hast, deinem Partner das zu geben, was er sich gewünscht hat. Du bist traurig darüber, dass du möglicherweise nicht den Attraktivitätsgrad besitzt wie die Person, mit der dir dein Partner fremdging. Das alles sind Verurteilungen und Mutmaßungen, für die ausschließlich du selber verantwortlich bist. Auch wenn diese Verurteilung nicht bewusst stattfindet, so ist es dennoch eine Entscheidung die du triffst.

Aber jetzt schau dir einmal an, was hier, fernab deiner Mutmaßungen, wirklich die Wahrheit ist. Die Wahrheit ist doch viel mehr eine ganz andere. Du hast dich für eine

Beziehung entschieden. Dass Beziehungen in die Brüche gehen können, war dir von vorneherein klar. Du bist dieses Risiko bewusst eingegangen. Dass du dich für einen Partner entschieden hast, der dazu unter bestimmten Bedingungen fähig ist, hast du vielleicht nicht erwartet, sollte aber generell jedem Menschen zuzutrauen sein. De facto also, hast du dich bewusst in eine Situation, nämlich in die Situation der Beziehung, gebracht, die das Risiko des Fremdgehens sowieso beinhaltet. Diese Entscheidungen kannst du dir vergeben. Sofern für dich des Weiteren ein logischer Zusammenhang besteht zwischen dem Fremdgehen und deinem Attraktivitätsniveau, kannst du auch die Tatsache akzeptieren, dass du eben nicht so attraktiv bist wie der Schuft. Wieso ist das auch wichtig? Am Ende besteht in keiner Weise ein Grund zur Selbstverurteilung.

Du befindest dich in einer Situation, in der du nun einmal keinen Einfluss auf die Entscheidung deines Partners hast. Und dass dein Partner einen freien Willen hat, war dir hoffentlich von vorneherein klar. Genauso war dir klar, dass es da draußen Menschen gibt, zu denen sich dein Partner unter Umständen hingezogen fühlt. Für all das hast du dich entschieden. Das damit einhergehende Risiko bist du eingegangen, und auch das kannst du dir vergeben.

Die Diskrepanz aus Erwartungshaltung und Realität verursacht natürlich Schmerz, jeder mit Traurigkeit verbundene Event verursacht Schmerz, mal heftiger, mal weniger intensiv. Aber all dieser Schmerz bezieht sich nur auf dich, er kennt keinen Schuldigen, er ist einfach da und erwartet deine Aufmerksamkeit. Er wartet auf Umarmung, auf Liebe, auf Wertschätzung. Mit diesem Schmerz, der eng verbunden ist mit deinem Wertesystem, musst du dich nun auseinandersetzen. Das kann unter Umständen, je nach Intensität der Beziehung, je nach Intensität der Selbstverurteilung und je nach Fähigkeit zu kreativem

Ausbruch aus Gedankenstrukturen, eine ganze Weile dauern. Vergebung und Akzeptanz sind wichtige Utensilien die du dabei brauchen wirst.

Am Ende erfolgt aber nur so eine Reinigung sämtlicher Belastungen. Am Ende des Schmerzes wartet Selbstliebe auf dich. Und in dem Moment, wo du dort ankommst, zerstörst du alle ursprünglich aufgetretenen Gefühlssurrogate. Mit deren Vernichtung sorgst du für eine Eliminierung der mit dem Ursprungsereignis des Fremdgehens einhergehenden Belastungen. Im Idealfall führt das letztendlich zu einer Situation, in der jegliche Erinnerung verbunden mit diesem Ereignis, zu keinerlei Gefühlssurrogat mehr führt. Sicherlich wird es Momente der Traurigkeit geben, aber das ist auch okay so. Momente der Selbstverurteilung, Momente des Hasses und der Sehnsucht nach Rache werden allerdings keine Chance mehr haben, dich heimzusuchen.

Und dann wird es für dich ein leichtes sein, deinem Partner zu vergeben. Denn du hast ihn erkannt als Mensch, mit all seinen Wünschen, Bedürfnissen und „Fehlern". Was aus euch beiden wird bleibt offen, aber so lange du deiner Wahrheit folgst, wird zumindest Selbstliebe immer an deiner Seite sein.

In einer Partnerschaft wird ganz deutlich, dass man erwartet, auf eine Situation Einfluss zu haben. Man erwartet, dass man Einfluss nehmen kann auf seinen Partner. Das ist eine der größten Illusionen, und somit Hauptproduzent von Gefühlssurrogaten in einer Beziehung. Natürlich besteht ein Einfluss, aber dieser Einfluss ist weitaus geringer als gedacht. Zudem setzt dieser Einfluss beim Partner an. Es ist viel einfacher, sich selber zu ändern, seine eigene Einstellung zu modifizieren. Genauso wie du deinen Job akzeptierst als Resultat deiner eigenen Entscheidungen, genauso wie du

Umgang zu Familienmitgliedern und Freunden pflegst, die du dir aussuchst, genauso entscheidest du dich für einen Partner. Du kämst nie auf die Idee, von deinem Chef zu erwarten, dass er sich als Person ändert. Erstaunlicherweise ist diese Erwartungshaltung aber massiv, wenn es sich um den Partner dreht.

Es ist immer ganz einfach, einem Hund zu verzeihen, z.B. wenn er auf den Boden pinkelt. Naja, ist halt ein Hund. Du verzeihst auch deiner Katze, dass sie dir komplett die Tapete zerkratzt. Naja, ist halt eine Katze. Wenn aber jetzt dein zwölfjähriger Sohn auf die Idee kommt, in die Küche zu pinkeln, akzeptierst du das nicht. Wenn deine Tochter auf die Idee kommt, Graffiti auf deine Tapete im Wohnzimmer zu sprühen, dann akzeptierst du auch das nicht. Das sind natürlich Dinge, die man nachvollziehen kann. Betrachten wir jetzt aber einmal kleinere Dinge, die zum Menschsein gehören. Dein Sohn lügt dich an. Welche Gründe auch immer er dafür hat, er ist und bleibt nun mal ein Mensch der mit „Fehlern" behaftet ist, du musst es noch nicht einmal als Fehler betrachten. Betrachte ihn als das was er eben ist.

Genauso hat jeder Partner seine Eigenheiten, viele Autoren verweisen auf die komplette Akzeptanz deines Partners als das was er ist. Das ist nur bedingt ein praktikabler und belastungsfreier Ansatz, denn immer und überall warten Situationen auf dich, welche dir Schwere verursachen können. Am Ende ist viel entscheidender zu erkennen, dass du ganz offenbar in einer Situation bist, die du als Belastung empfindest in der Partnerschaft, und du hast natürlich auch Gründe für diese Belastung, und natürlich sind all diese Belastungen Ursprung von Gefühlssurrogaten. Sie sind Ursprung einer Lüge die du mit dir rumträgst. Und diese Lüge ist häufig damit verknüpft, dass du ignorierst, dass du dich eben genau für diesen Partner entschieden hast, mit seinem kompletten und sehr umfangreichen

Verhaltenskatalog. Das Leben in der Illusion, diesen Partner verändern zu können, ist genauso deine Entscheidung. Die Frage die sich nun stellt ist, wie immer, bist du bereit, mit den daraus entstehenden Konsequenzen zu leben? Willst du die Konsequenz akzeptieren, die vielleicht besagt, du solltest dein Partner besser verlassen, denn er stellt für dich eine Belastung dar, die du nicht ändern kannst? Dein Partner trägt keine Schuld. Er trifft lediglich Entscheidungen, die Teil von ihm sind. Du hast dich dafür entschieden. Aber auch du bist nicht schuldig. Denn es ist was es ist, eine Situation, und eine Situation hat kein Interesse an einem Schuldigen.

Wir suchen sehr häufig nach Glückstriggern im Verhalten des Partners und seiner Meinung über uns. Trotz all unserer Belastungen und Illusionen versuchen wir nun, über unseren Partner ein erstrebenswertes Glücksgefühl zu realisieren. Dass das Streben danach sowieso nur kurzfristiger Natur sein kann, zeigt schon von vorneherein, dass dieser Ansatz zum Scheitern verurteilt ist. Ziel ist nicht, durch die Partnerschaft all die Belastung und Beschwernisse zu vergessen oder zu ignorieren, Ziel sollte es doch viel mehr sein, durch den Partner eine Art Erweiterung der Dimension der Liebe zu erfahren. Das kann aber natürlich nur geschehen, wenn ich mich selber liebe, und es ist natürlich um vieles effektiver, je mehr ich selber erfüllt bin von Liebe und frei von Belastungen. Gleichzeitig kann natürlich die Erwartungshaltung meinem Partner gegenüber, mir dieses Glück zu bescheren, auch nur zum Scheitern führen, denn die Befriedigung dieses Glücksbedürfnisses wird niemals vollkommen erreicht werden, noch nicht einmal annähernd. Diese Aufgabe einem anderen Menschen zu überlassen, ist fast schon an Wahnsinn grenzend.

Auch hier ist die Lösung verhältnismäßig simpel, und findet sich in der Simplifikation über die eigene Entlastung. Denn wenn du siehst, dass du selber für dein Leben verantwortlich bist, für deine Handlungen, zudem die Reaktion deiner Umwelt auf deine Entscheidungen akzeptierst, dann kannst du überhaupt nicht von deinem Partner verlangen, dich zu erfüllen, dich zu vervollkommnen oder andere deiner Bedürfnisse zu erfüllen. Ein Partner ist im Prinzip nichts anderes, als eine zusätzliche Möglichkeit, dein Leben zu bereichern. Ein Partner kann niemals die Lösung für deine eigenen Probleme sein. Nichts kann die eigene Reinigung ersetzen. All das, was das Leben an Möglichkeiten bietet, wird umso massiver wahrgenommen, je reiner du bist. Deshalb ist es auch so schwer, funktionierende Partnerschaften zu finden. Die Auseinandersetzung mit der eigenen Person tritt gerade in einer Partnerschaft vollkommen in den Hintergrund, weil jeder der Partner versucht, das Glück im anderen zu finden, und bei Versagen natürlich auch im anderen die Schuld sucht.

Ich liebe dich

Die Liebe zwischen zwei Menschen ist ein relativ schwieriger Themenkomplex. Sehr viele Leute haben ganz unterschiedliche Auffassungen davon, was die Liebe zu einer anderen Person ihrem Wesen nach eigentlich bedeutet. Bisweilen wird unterschieden zwischen der Liebe innerhalb einer Freundschaft, der Liebe bezüglich des eigenen Kindes und der Liebe zu seinem Partner. Das zeigt, wie willkürlich das Wort Liebe benutzt wird, und auf der anderen Seite zeigt es eben genauso, wie wenig definiert es ist. Dieses Thema offenbart, wie verheerend die Wirkung von Glücksgefühlen sein kann. Das Empfinden eines Liebesgefühls, was durch einen anderen Menschen ausgelöst wird, also von einer externen Quelle, hat mit Liebe selber gar nichts zu tun. Es handelt sich hier vielmehr um eine Fehldeutung des Einzelnen. Denn hier hat Glück ihr Werk vollends vollbracht, es hat nämlich den Betroffenen davon überzeugt, dass es Liebe ist.

Es ist ganz wichtig zu erkennen, dass Liebe und Liebesgefühl unterschiedliche Dinge sind. Wir verfallen häufig dem Irrglauben, dass Liebe mit einem Liebesgefühl verbunden ist. Das kann aber überhaupt nicht stimmen. Das Liebesgefühl ist nämlich immer gebunden an einen Trigger. Es existiert eben nur unter bestimmten Bedingungen. Alles was Trigger-gebunden ist, ist Surrogat, es ist also definitiv nicht Liebe. Es hat nämlich mit kognitiven Prozessen zu tun, mit Erwartungshaltungen und (Vor-) Freude. Demnach ist das Liebesgefühl als solches viel näher dem Glücksgefühl, es ist ihm ein naher Verwandter, ein Surrogat selben Stammes.

Das wird ganz deutlich in der Liebe zu deiner Mutter beispielsweise. In dem Moment des Ausspruchs dessen existiert nämlich überhaupt kein Liebesgefühl als solches in dir. Es ist eine Aussage, die offensichtlich auf anderen Gründen fußt, als auf einem momentanen Gefühlszustand. Du erinnerst dich an das, was sie alles für dich getan hat, wie sie sich um dich kümmert und wie uneigennützig sie sich verhält. Das sind alles nur Partitionen aus dem Gesamtbild eines Menschen. De facto verwechselst du hier die Person deiner Mutter mit ihrer Funktion als Mutter. Du beurteilst ihr Verhalten (Wertung) gemessen an dem Mutter-Anforderungskatalog (Erwartungshaltung) und kategorisierst das als für dich positiv (kognitiver Prozess). Ergo entsteht eine positive Grundhaltung (Vorfreude), die aber nur so lange existiert, wie die Bedürfnisbefriedigung gewährleistet ist (Trigger-abhängigkeit). So sieht die unbarmherzige Wahrheit nämlich aus.

Demnach kann das Liebesgefühl selbst nicht die Definition für die Liebe zu einer anderen Person sein, beziehungsweise Inhalt dessen. Zudem kommt und geht das

Liebesgefühl. Das beweist eindeutig den surrogaten Hintergrund. Es handelt sich nicht um einen dauerhaften Zustand. Häufig reicht aber für viele dieses willkürliche Erscheinen aus, um zu verkünden man liebe diese Person. Das ist nicht dramatisch, sorgt aber für Verwirrung. Die Wahrheit ändert auch nichts an den Gefühlen zu der Person. Aber zu wissen, dass es sich nicht um Liebe handelt, ist von außerordentlichem Wert. Denn nur so lernst du zu verstehen.

Aber was ist denn nun Liebe stattdessen? Das ist so einfach nicht zu beantworten. Häufig wird verwiesen auf die magische Anziehung zwischen zwei Menschen und das damit verbundene Liebes(glücks)gefühl. Sicherlich ist das etwas, das nicht übergangen werden darf. Natürlich gibt es Menschen, die eine ungeheure Anziehung aufeinander ausüben. Diese Form der Anziehung ist auch etwas sehr seltenes. Ist das nun wirklich Liebe?

Um das zu klären, müssen wir einen anderen Ansatz wählen. Wir müssen uns anschauen, welche Charakteristiken denn die Liebe zur eigenen Person aufweist. Wie schon gesagt, ist ausschließlich die Liebe zu sich selbst bedingungslos. Die Liebe zu jedem anderen Menschen ist immer an eine Bedingung geknüpft. Dadurch, dass der Einfluss auf die andere Person verhältnismäßig gering ist, im Vergleich zu dem Einfluss auf dich selbst, ist jede Form von Liebesbeziehung, und damit auch jede Form von Liebesglücksgefühl, zu jedem Zeitpunkt in Gefahr. Wenn wir jetzt von Selbstliebe ausgehen, dann lässt sich sagen, dass hier Liebe frei ist von Verurteilung. Sie bedeutet das Erkennen der eigenen Person, sie bedeutet die Erkenntnis der Selbstverantwortlichkeit des Einzelnen und sie mündet in einer Akzeptanz des Individuums trotz eventueller Fehlleistungen, und das alles ohne Rechtfertigung. Wenn das die Charakteristiken der Liebe zu sich selber sind, dann müssen das doch wohl auch die Charakteristiken sein, die die Liebe gegenüber einer anderen Person definieren.

Das bedeutet also zunächst, dass die Liebe zu einem anderen Menschen abhängig ist von dem Erkennen dieser Person. Das bedeutet, es ist von absoluter Notwendigkeit, die Wahrheit über diese Person zu kennen, zu wissen ob des Wesens dieser Person. Das ist aber sehr schwierig, denn die einzige Person, die du wirklich vollkommen kennen kannst, bist alleine nur du. Hier ist Vertrauen wichtig, in die Wahrhaftigkeit der Worte und Taten der anderen Person, und in dich selbst, in deine Fähigkeit nämlich, die Wahrheit in diesen Worten und Taten zu sehen oder aber in ihnen den Betrug und die Manipulation zu entdecken.

Wenn es um das Verhalten eines Dritten dir gegenüber geht, handelt es sich des Weiteren auch nur dann um Liebe, wenn Fehlverhalten deinerseits akzeptiert und nicht verurteilt wird. Das stellt sich in der Praxis relativ schwierig dar. Am Ende bedeutet Liebe gegenüber einer anderen Person, insbesondere innerhalb einer Partnerschaft, die Abwesenheit von Verurteilung, die Abwesenheit von manipulativen Veränderungswünschen, die Abwesenheit von Rechtfertigung.

Aber was bedarf nun der Anwesenheit? Es bedarf weniger der Anwesenheit von etwas, als vielmehr der Entstehung, der Geburt von etwas Außergewöhnlichem. Es bedarf der Verschmelzung zu einer Einheit. Wenn du dein Gegenüber als Teil von dir erkennst, dann bekommt Selbstliebe plötzlich eine andere Qualität, sie wird erweitert um eine Dimension. Liebe bedeutet noch nicht einmal, Vertrauen zu haben, es bedeutet noch nicht einmal Treue. Denn wenn die Einstellung der anderen Person, ihr Wesen, ihre Wahrheit, in deinen Augen liebenswert ist, dann beinhaltet die Person eben all das, was auch du in dir beinhaltest. Demnach gibt es keinen

Rahmen, keine allgemeingültigen Verhaltensrichtlinien innerhalb einer Liebeseinheit. Es existiert kein Liebesbeziehungsprototyp. Alles ist frei verhandelbar.

Natürlich ist eine Annäherung an den anderen in vielen Fällen notwendig, schließlich handelt es sich zu Anfang um einen Fremden. Aber das ist Prozess der Wahrheitsfindung in Bezug auf die andere Person. Das steht ganz am Anfang. Und wenn beiderseits der Wille besteht, zur Integration des anderen in die Person des eigenen Individuums, dann ist die Basis geschaffen für Liebe. Natürlich kann man sich in seinem Gegenüber auch täuschen, natürlich kann man auch Opfer von Manipulation und Betrug werden. Das sind mögliche Reaktionen auf die Aktion der Integration, der Verschmelzung. Nichtsdestoweniger handelt es sich nur in diesem Fall um tatsächliche, bedingungslose Liebe bezüglich eines Dritten. Die einzige Erschütterung die erfahren werden kann, ergibt sich daraus, dass sich entweder die Wahrheit ob des anderen ändert oder diese von vorneherein einer Missdeutung unterlag und nun zu Tage tritt.

Auf ganz mystische, magische und wundervolle Art und Weise offenbart sich hier die Definition der Seelenverwandtschaft. Wenn die Selbstliebe sich nicht nur auf die eigene Person, sondern auf die Einheit, auf das Resultat der Verschmelzung zweier Personen bezieht, dann hast du in der Tat einen Seelenverwandten an deiner Seite. Und wenn das der Fall ist, dann frage dich, wie viele Worte, wie viel Kommunikation überhaupt noch notwendig ist? Was muss denn dann in einer Liebeseinheit noch definiert werden? Wenn du erst einmal dein Gegenüber kennst, die Wahrheit über ihn erfahren hast, ihn siehst als Teil von dir, dich in ihm erkennst, denn er ist dem Wesen nach dein Zwilling, mit ihm zu einer Einheit verschmilzt, dann bedarf es keines Misstrauens, dann bedarf es keiner Verdachtsmomente, keiner Einstellungsänderung. Erst dann besteht die Möglichkeit der Liebe zu einer anderen Person, die Teil deiner eigenen Person wird, und so in der Lage ist, deine bedingungslose Selbstliebe zu empfangen. Das ist der Idealtypus, und gleichzeitig der einzige Typus einer Liebesbeziehung.

Am Ende ist diese Person ein Abbild deiner selbst. Eine Kopie deines Wesens, und dennoch in sich ein Original. Insbesondere Prinzipien und Wertesysteme decken sich, denn sie stellen die Basis für die Grundeinstellung eines jeden Einzelnen dar. Es ist unendlich schwierig, so jemanden zu finden. Leider handelt es sich nämlich bei dem Prozess der Verschmelzung nicht um eine Entscheidung ohne Bedingung, wie bei der Liebe zu sich selbst, denn die Kreation der Liebeseinheit ist gebunden an die Identität beider Wesen. Dass wir sehr häufig versuchen, uns und unser Gegenüber krampfhaft in ein Liebesschema zu pressen, zeigt zum einen, wie sehr wir uns eine solche Beziehung wünschen, und zum anderen, wie ungeduldig und bisweilen verzweifelt wir sind, in der Suche nach einer solchen Person. Wir sind bereit, Glücksadepten zu akzeptieren, ohne uns dessen bewusst zu sein. Wir tendieren leider insbesondere bei dieser Thematik zur Lüge.

Wenn wir nun einen Blick auf die Liebeseinheit werfen, so ist zunächst einmal noch kein Gefühl von Liebe vorhanden, denn die Verschmelzung selber ist nur Resultat einer bedingten Entscheidung. Liebe als Basisgefühl kann nämlich auch innerhalb einer Liebeseinheit nur durch Leere entstehen, durch die Abwesenheit von Belastungen innerhalb eben dieser Einheit. Auch hier kann die Selbstreinigung auf die Einheit angewendet werden. Auch wenn es sich physisch um zwei getrennte Personen handelt, so ist aber ihr Wesen identisch, denn sie besitzen dieselbe Wahrheit. Ohne Leere keine pure Liebe, das gilt auch für die Liebeseinheit. Es ist von immenser Wichtigkeit zu verstehen, dass wenn zuvor von der Leere der Einzelperson gesprochen wurde, diese Einzelperson nun gar nicht mehr existiert! Sie wurde substituiert durch die Liebeseinheit, über den Prozess der Verschmelzung mit dem Wesenszwilling. Es existiert nicht die Einzelperson und zusätzlich die Beziehung. Das zu verstehen ist essenziell!

Exkurs: Seele

Es geht bei der Seelenverwandtschaft nicht um identische, deckungsgleiche Seelen zweier Menschen. Denn die Seele eines jeden Einzelnen ist pure Liebe. Die Seele ist nicht dein Verhalten, sie ist nicht deine Persönlichkeit. Sie ist nicht Grund für deine Überzeugungen oder deine Entscheidungen. Du bist nicht deine Seele, und deine Seele ist nicht du, ihr seid lediglich im selben Raum. Das reicht für eine Koppelung aber noch nicht aus.

Jeder Mensch ist seinem Wesen nach anders, aber allesamt sind wir ausgestattet mit purer Liebe, in Form der Seele. Sie ist ein Geschenk, das nur du alleine auspacken kannst. Sie ist in uns, für uns. Sie wurde platziert als Trophäe ohne Form. Sie ist ein Schatz aus einer anderen Dimension. Aber nur weil sie immer pure Liebe ist, muss sie nicht für jeden gleich sein. Ganz bestimmt hat sie individuelle Features und führt nach erfolgreicher Freilegung durchaus zu unterschiedlichen Facetten von purer Liebe.

Jeder Schatz ist zudem anders, denn nicht jeder Schatz passt zum Schatzsucher. Du erfährst und empfindest die Verbindung zu deiner Seele, das erfüllt sein von ihr, anders als jeder andere. Es ist deine ganz eigene Liebe. Und weil du eben anders bist, muss die Seele auf dich zugeschnitten sein, um in der Verbindung mit ihr als pure Liebe gespürt werden zu können. Es gibt 20.000 verschiedene Bienenarten. Bienen! Soviel dazu. Sich mit seiner Seele verbinden zu können, sie spüren zu können, ist die Belohnung für jeden Einzelnen, und das zu schaffen liegt alleine an dir. Dazu ist zwar jeder theoretisch fähig, aber nur wenige sind erfolgreich, zumindest dauerhaft.

Dieser Zustand des erfüllt seins mit Liebe ist aber keine Voraussetzung für das Finden eines Seelenverwandten, deshalb ist der Begriff selber auch irreführend und sollte hier treffender als Wesenszwilling bzw. Wesensidentität (anstatt Seelenverwandtschaft) bezeichnet werden. Leider denken viele, die Seele sei Kern unserer Persönlichkeit. Sie sei der Grund warum wir sind, wie wir sind. Wozu soll diese Überzeugung gut sein? Es scheint, als führte diese Auffassung final zu einem künstlich erzeugten Zustand von Selbstliebe, indem jedem Einzelnen ein mystisches und magisches Inneres suggeriert wird, etwas Besonderes eben.

Diese Ansicht macht jedenfalls wenig Sinn und führt zu gar nichts. Das ist nicht meine Wahrheit, es ist zu sehr kreiert, ein Produkt der Kognition, zu komplex, zu verwurschtelt, zu unscharf, ein Resultat des Glaubens, der Logik, nicht Frucht des Wissens. Es wirkt wie ein wackeliges Konstrukt, als hätte jemand Michelangelos David aus Versehen umgeschmissen und dann wieder zusammengeklebt, nur wurden dabei sämtliche Gliedmaßen vertauscht. Die Seele stellt durchaus den Kern jedes Individuums dar, aber dieser Kern eines Jeden ist eben pure Liebe. Wir sind alle pure Liebe, tief in uns.

Bestimmte Menschen sind vermutlich in der Lage, noch ganz andere wilde Sachen mit ihrer Seele anzustellen wenn erst einmal eine Koppelung erfolgt ist, das mag ich gar nicht bezweifeln. Seelenwanderungen bspw., so wie sie im Schamanismus beschrieben werden, stehen auch dazu gar nicht in Widerspruch. Geister oder gar verlorene Seelen mögen Resultat einer niemals zustande gekommenen

Verbindung mit dem Träger sein. Diese Dinge liegen außerhalb meiner Erfahrungen, darüber weiß ich nicht genug, aber eine Koexistenz verschiedenster Konstrukte ist in jedem Falle möglich.

Die allgemeine Auffassung des Begriffs Seele jedenfalls, entspricht zumindest nicht dem was ich über sie weiß, was Teil meiner Erfahrung mit ihr ist. Generell ist die Seele im Sprachgebrauch ein sehr dubioses und vages Element. Eine Menge Mythen ranken sich um sie, und insbesondere Mutmaßungen und Annahmen sind Grundlage sämtlicher ihrer Definitionen. Darum ist dieser Exkurs auch kurz gehalten. Zudem verweise ich gerade bei diesem Thema auf das Vertrauen in die eigene Erfahrung. Wissen und Wahrheit sind der Schlüssel, nicht die Adoption anderer Leute Vermutungen.

Vertrauen

Vertrauen ist einer der größten Bausteine, welcher die Gefahr von Belastungen in sich trägt. Dabei spielt es keine Rolle, ob es um das Vertrauen anderen Familienmitgliedern, deinem Partner, oder deinen Geschäftspartnern gegenüber geht. Viele Menschen tun sich extrem schwer, wenn es darum geht, anderen zu vertrauen. Sehr häufig wird zunächst nach rationalen Gründen gesucht, warum man das tun sollte. Häufig wird gerade am Anfang einer Bekanntschaft kritisch beäugt, was der andere so macht, um so mögliche Risiken abzuwägen. Wenn ein bestimmter Erwartungswert erreicht ist, entscheidet man sich, dieser Person Vertrauen zu schenken.

Jemandem zu vertrauen ist eine Entscheidung, die jeder für sich selber trifft. Für einige scheint es sehr schwer, einer Person Vertrauen zu schenken, trotzdem sie ständig den Erwartungshaltungen entspricht. In der Tat liegt dieses

Geschenk einzig und allein in den Händen des Einzelnen. Es ist etwas, was jemand anderem zu Teil wird, und stellt somit auch ein Zeichen von Wertschätzung dar. Dabei ist es bisweilen vollkommen unerheblich, wie vertrauenswürdig sich die Person in der Vergangenheit verhalten hat, in dem Moment, wo die Entscheidung schwer fällt, ihr Vertrauen entgegen zu bringen, wird das auch nicht passieren, unabhängig davon, wie sehr sich derjenige auch bemüht.

Es gibt verschiedene Arten mit Vertrauen umzugehen. Es gibt Menschen, die vertrauen grundsätzlich niemandem. Andererseits gibt es Menschen, die vertrauen jedem. Jemandem zu vertrauen bedeutet allerdings nicht, blind zu sein für die Wahrheit oder in Naivität zu verfallen. Es bedeutet lediglich, darauf zu verzichten, ständig nach Ungereimtheiten zu suchen.

Egal für welche Form der Handhabung du dich entscheidest, dir sollten einige Implikationen klar sein. In dem Moment, wo du Probleme hast anderen zu vertrauen und ihnen eben als Resultat dessen kein Vertrauen zu Teil werden lässt, belastest du dich selber in einem ganz enormen Maße. Ständig bist du auf der Suche nach der Lüge, alles was dir zu Ohren kommt wird kritisch untersucht. Es ist schwer für dich, eine ruhige Minute zu finden wenn deine Gedanken ständig um die Zweifel in dir kreisen. Das ist ein sehr bedrückender und stressiger Zustand. Anderen nicht zu vertrauen ist keine Lösung. Im wahrsten Sinne des Wortes. Anderen nicht zu vertrauen, verursacht lediglich Belastungen. Je nach Bedeutungsgrad der Beziehung für dich, multipliziert sich unter Umständen der Belastungsgrad noch.

Frag dich einmal selber, was denn überhaupt passieren kann, wenn dich jemand belügt und betrügt? Denn das ist ja offensichtlich die Angst, die dich daran hindert, jemand anderem zu vertrauen. Das Resultat eines Vertrauensbruchs ist emotional betrachtet natürlich Traurigkeit. Das Resultat ist natürlich Schmerz. Aber das ist dann auch schon alles! Was verlierst du denn wirklich? Fühlt sich dein Ego gekränkt? Empfindest du dich als schwächlich, weil es jemand geschafft hat, dein Vertrauen zu missbrauchen und du es nicht verhindern konntest? Finde die Wahrheit für dich. Am Ende wirst du feststellen, dass ein Vertrauensbruch gar keine so schlimmen Konsequenzen hat, wie du vielleicht im ersten Moment denkst.

Denn jetzt schaue dir einmal die Situation an, die sich ergibt, wenn du dich entscheidest, deinen Mitmenschen grundsätzlich erst einmal zu vertrauen. Zunächst einmal besteht dann überhaupt gar keine Notwendigkeit, in dauerndem Zweifel zu leben. Das ist doch etwas sehr befreiendes, oder nicht? Gleichzeitig hast du aber doch die Möglichkeit, weiterhin deinen Verstand zu gebrauchen, um zu beurteilen, ob das, was dir dein Gegenüber versucht weiszumachen, in der Tat der Wahrheit entspricht. Sollten Ungereimtheiten auftreten, kannst du Dinge hinterfragen. In dem Moment, wo du erkennst, dass dich jemand belügt und betrügt, hast du eine Menge Optionen damit umzugehen. Wenn für dich Vertrauen, Loyalität, Prinzipien und Ehre eine besondere Rolle spielen, wirst du dich vielleicht dafür entscheiden, diese Beziehung zu der Person zu beenden, was natürlich auch an dem Schweregrad der Lüge abzuwägen ist. Wenn du es schaffst, dass diese Lüge keine Gefühlssurrogate hervorruft, dann verursacht dieses Ereignis auch keinerlei Belastung in dir. Sollte es dennoch zu einer Belastung kommen, so hast du natürlich auch hier die Möglichkeit, den Prozess der Selbstreinigung zu durchlaufen. Am Ende aber bleibt dir ein sehr großer Handlungsspielraum in Bezug auf das weitere Vorgehen. Einer Person diesen Vertrauensmissbrauch zu vergeben, bedeutet nicht unweigerlich, das bestehende Beziehungsgeflecht aufrecht zu erhalten, und ihm erneut das Geschenk des Vertrauens zu machen.

Ich will dir lediglich zeigen, dass wenn du diese Wahrheiten erst einmal für dich erkennst, du in der Lage sein wirst, deine Denkmuster zu verändern. Du wirst erkennen, dass das wovor du vielleicht Angst hast, gar nicht so furchterregend ist wie es auf den ersten Blick scheint. Dass es viel mehr dein Wertesystem ist, was für dich alles so viel schlimmer macht als es bei neutraler Betrachtung tatsächlich aussieht.

Jemandem zu vertrauen ist eine Entscheidung. Dieses Vertrauen jemandem zu schenken, ist nur bedingt abhängig von seinem Verhalten. Es ist viel mehr abhängig von deinem Wunsch das zu tun oder eben nicht. Wenn du erwartest, dass dir jemand anderes aufgrund seines Verhaltens diese Entscheidung abnehmen kann, dann ist das eine Illusion. Jemand anderem zu vertrauen bedeutet nicht, naiv zu sein, es bedeutet nicht, dumm zu sein, es bedeutet nicht, mit zugehaltenen Augen eine Kreuzung zu überqueren, es bedeutet lediglich, zu akzeptieren, dass eine mögliche Reaktion auch den Vertrauensmissbrauch beinhaltet. Es bedeutet, sich für etwas zu entscheiden, was zu keiner Dauerbelastung führt. Es bedeutet, zu realisieren, welche Konsequenzen diese Entscheidung beinhaltet, und diese anzuerkennen als Teil der Entscheidung. Wenn du das schaffst, dann ist die Diskrepanz die entsteht aus einem tatsächlichen Vertrauensbruch und der Erwartungshaltung, dass eben dieser Bruch genau nicht passiert, nicht mehr in der Lage, Gefühlssurrogate in dir auszulösen.

In jeder Form von Beziehung bist du unvollkommener Information ausgesetzt. Du kannst nicht alles sehen, nicht alles wissen. Du alleine entscheidest, ob du wie ein Kampfterrier diese Ungewissheit bekämpfen willst, oder lieber sanftmütig und gelassen dem entgegentrittst, was du sowieso nicht verändern kannst. Und wenn du konsequent in Wahrheit lebst, wird dich die Liebe zu dir selbst die richtigen Entscheidungen treffen lassen und dafür sorgen, dass selbst so etwas wie Vertrauensmissbrauch lediglich zu Traurigkeit in dir führt.

Suche in Dir

Der Prozess der inneren Reinigung resultierend im Zustand purer Liebe stellt das Kernkonzept dar. In dem Moment, wo du dem folgst, wirst du in der Lage sein, alle anderen Features des Lebens viel eher zu genießen. Sehr häufig wird der Fehler gemacht, kurzfristiges Glück zu suchen in eben Dimensionen, die lediglich eine Art Luxusvariationen des Lebens darstellen. Der Versuch, über Gott sein Leben zu regeln, ist der vollkommen falsche Ansatz. Der Versuch, sein Leben zu verbessern durch das Eingehen einer Partnerschaft oder die Geburt eines Kindes eventuell sogar, ist genauso der falsche Ansatz. Das Glück in der eigenen Familie zu suchen, ist genauso der falsche Weg. All diese Ansätze setzen an externen Quellen an. Zudem beinhalten sie die Suche nach einer Illusion von Liebe.

Der einzige Ansatz, der Erfolg verspricht, dessen Ausgang vollkommen allein an dir liegt, muss natürlich an deiner eigenen Person greifen. Schließlich fängst du ja auch nicht direkt nach der Geburt zu laufen an, zunächst einmal liegst du nur so auf dem Rücken rum, als nächstes fängst du zu krabbeln an, in nächster Instanz bist du in der Lage, einen Fuß vor den anderen zu setzen, aber nicht ohne Hilfe, bis du es dann irgendwann schaffst, im Laufe der Zeit, ganz alleine aufrecht zu gehen. Das kann auch niemand anderes für dich machen. Das scheint einleuchtend zu sein für jeden Einzelnen, aber Frieden zu finden, Freiheit zu finden, Liebe zu finden scheint ganz offensichtlich verankert zu sein, in der Suche bei anderen. Das kann nicht funktionieren.

Das als Wahrheit zu erkennen, wird vielen schwer fallen. Allerdings birgt diese Erkenntnis eine enorme Befreiung. Denn am Ende besagt diese Wahrheit nichts anderes, als dass nur du alleine für deinen Zustand der Liebe verantwortlich bist. Und das ist doch atemberaubend schön! Zu wissen, dass du nicht in einer gewissen Art und Weise handeln musst, um Liebe von anderen zu empfangen, sondern in der Lage bist, dich in jedem Moment selber zu lieben, selber verantwortlich sein zu dürfen für dieses Gefühl. Zu wissen, dass alles in deiner eigenen Hand liegt und eben nicht abhängig ist von der Meinung oder der Empfindung anderer, zeigt doch, dass es sich um einen erreichbaren Zustand handelt. Zu wissen, dass dieser Zustand einzig und alleine durch dich herbeigeführt werden kann, ist doch eine unendlich schöne Nachricht, oder nicht? Gleichzeitig nimmt dir diese Selbstverantwortung auch jede Grundlage für dein Jammern, dein Klagen, dein Nörgeln und dein Fluchen. Das jedoch wird dem ein oder anderen nicht so sehr gefallen.

8. Erkenne die Wahrheit

Konsequenzen

Was ist denn jetzt die Implikation, die finale Konsequenz aus der Erkenntnis, dass Glück lediglich die Illusion von Liebe darstellt? Die Auswirkungen sind massiv. Denn wenn wir uns einmal anschauen, was wir ja anstatt Glück suchen, dann ist das eben Liebe, und nicht die Illusion dessen. Und Liebe selber bedarf eben der Freilegung der Seele. Das passiert über den Prozess der Selbstreinigung. Und der Prozess der Selbstreinigung bedarf letzten Endes überhaupt gar nichts, nichts materiellem zumindest. Wenn wir uns dieses kleine Häufchen Elend, welches das Glück ist, anschauen, dann fällt uns auf, dass dieser Abkömmling in keiner Weise ein erstrebenswertes Ziel darstellt.

Das Glück wurde demaskiert. Du siehst jetzt was Glück wirklich ist. Ich habe dir die Augen geöffnet für die Wahrheit. Diese Wahrheit ist unmöglich zu vergessen. Das bringt dich jetzt natürlich in eine Zwickmühle, denn nach Glück zu streben wird nun zur Farce. Gleichzeitig ist es aber das, was du dein ganzes Leben lang getan hast. Diese Situation ist natürlich vollkommen ungewohnt und gleicht einem ahnungslosen Kind vor einem Modell des

Sonnensystems. Aber du bist jetzt neu ausgerichtet, neu kalibriert, so wie ich es dir versprochen habe. Nach Glück zu streben ist per se kein Problem, denn jetzt weißt du ganz genau wonach du eben strebst. Glücklich zu sein ist schön und gut, aber es ersetzt nicht die Selbstliebe. Es lässt dich nicht in Kontakt treten mit deiner Seele. Glück ist, was eben Glück ist, und es ist am Ende nicht mehr, als eben bloß Glück, ein Gefühlssurrogat, das durch den wiederholten Zyklus von Tod und Wiederauferstehung gekennzeichnet ist. Liebe ist in dir, sie ist deine Seele. Sie ist unsterblich.

Glück ist an einen Auslöser geknüpft. Ohne den Auslöser entsteht kein Glücksgefühl. Die Suche nach Glück, bedeutet die Suche nach eben diesem Trigger. Es gibt eine unendliche Vielzahl an Quellen dafür. Da ist Geld, Macht, Ansehen, Partnerschaft, der Beruf, im Prinzip alles, was die Gesellschaft da draußen so für erstrebenswert und angemessen hält. Und auch wenn in letzter Konsequenz dieses ganze Gebilde zum Zusammenbruch verdammt ist, so bedeutet die Erlangung von Liebe eben nicht, dem Glück den Rücken zu kehren. Das ist ganz entscheidend! Warum solltest du dich denn auch vor Glücksmomenten verschließen? Das hat nie jemand von dir verlangt, und auch ich bin der Meinung, dass du durchaus diese Glücksmomente erleben solltest. Nur solltest du dir im Klaren darüber sein, was Glück seinem Wesen nach wirklich ist. Es ist nichts Schlimmes daran, es ist im Gegenteil sogar bisweilen recht angenehm, bestimmte glücksauslösende Dinge zu tun. Ob es sich dabei um Sex handelt, Extremsport, Videospiele oder andere Dinge ist dabei vollkommen unerheblich. In keiner Weise fordere ich die Entsagung all dessen. Ganz und gar nicht. Warum nicht in einem Ferrari fahren? Warum nicht das Wochenende auf der Luxusyacht verbringen? Das alles macht bestimmt glücklich, für einen Weile. Aber es macht eben nur glücklich. Da ist keine Liebe, da ist keine Leichtigkeit, kein Schweben, kein Leuchten. All deine Belastungen nimmst du mit auf die

Yacht, all deine Beschwerden kutschierst du auf dem halben Rücksitz des Ferraris umher, und die haben unter Garantie auch ihren Spaß, so wie du. Auch deine ungelösten Konflikte sind begeistert vom Glück, denn für sie ist es ein Freilos, ein Ruhefeld, eine kriegsberuhigte Zone. Solange du nämlich glücklich bist, so lange kann deinen Beschwerden nichts passieren. Solange du glücklich bist, müssen sie nicht um ihre Existenz bangen. Ihnen droht nicht der Tod, denn der klopft erst an, wenn du dich der Wahrheit widmest.

Auch wenn dir das Glück gegönnt sein soll, so solltest du aber gewarnt sein, dass nun, für alle Zeit, die Erkenntnis, dass das Streben danach dich niemals zu Liebe führt, in dein Gehirn eingebrannt ist. Liebe erlangst du über ganz andere Mechanismen. Aber das habe ich alles schon beschrieben. In letzter Instanz bedeutet das Erkennen ob des Wesens des Glückes, dass dieses kein Lebensziel sein kann. Damit treten alle Sekundäraktivitäten, welche nämlich über wie viele Ecken auch immer, zu Glück führen, vollkommen in den Hintergrund. Warum noch nach Macht streben? Warum nach der nächsten Gehaltserhöhung lechzen? Natürlich sind das alles Faktoren, die es uns einfacher machen, uns selber zu lieben, auch das habe ich schon zu genüge erläutert. Gleichzeitig stellen sie Universalcodes für Glückstrigger dar, doch müssen sie nicht Primärziel sein.

Denn am Ende ist Selbstliebe eine Entscheidung für dich, für das was du bist, auf Basis der durch Wahrheit erlangten Selbsterkenntnis. Das erfordert nun die größte Einstellungsänderung überhaupt, denn sein Handeln auszurichten nach Selbstliebe und nach der Freilegung seiner eigenen Seele, entspricht einer Änderung der Einstellung, die vollkommen andere Prinzipien fordert (Wahrheit, Vergebung, Entlastung etc.), als Handlungen, die aus dem Streben nach Glück resultieren (Machtstreben, Rechtfertigung der Lüge, eigener Vorteil etc.). Diese Einstellungsänderung führt zu einem massiven Einschnitt in deinem Leben. Aber ich bin mir sicher, dass wenn du deine Einstellung, und damit auch dein Verhalten, änderst, du so Liebe findest.

Lebe in Wahrheit, in deiner eigenen Wahrheit. Suche die Traurigkeit und ihren Verlobten, den Schmerz. Sorge für Leichtigkeit, indem du deine Belastungen eine nach der anderen, ganz allmählich eliminierst. Lerne zu vergeben, hinterfrage dein Wertesystem. Orientiere dich an Liebe, an deiner eigenen Seele, an dem, was womöglich momentan noch überdeckt ist von dem Resultat deiner ungelösten Konflikte, und löse dich von der Orientierung am Glück, löse dich von der Illusion von Liebe. Denn wenn du erst einmal in den Genuss des Originals gekommen bist, wird die Fälschung schnell an Reiz verlieren.

Weltformel der Psyche

Eine psychische Krankheit stellt eine Abweichung des Verhaltens von einem Normverhalten dar. Offensichtlich ist Normverhalten relativ zu sehen, und wird gemessen an einer Art Verhaltens-Benchmark. Natürlich sind Unterscheidungen zwischen psychischer Krankheit und psychisch normalem Verhalten niemals trennscharf. Der entscheidende Punkt ist, dass es sich bei einer psychischen Krankheit lediglich um eine Definition handelt, bei welcher ein bestimmtes Verhaltensmuster eben als Abweichung kategorisiert wird.

Jedes Verhalten, welches als psychische Krankheit definiert wird, ist am Ende zurückzuführen auf mangelnde Selbstliebe. Jede Form von Belastung, die wir als Menschen mit uns rumschleppen, hat ihre finale Ursache in mangelnder Liebe zu uns selbst. Das ist das Ende der Kette. Das scheint auf den ersten Blick eine enorme Simplifikation zu sein, aber auf den zweiten Blick stellte dies im Prinzip nichts anderes dar, als die Weltformel auf psychischer Ebene. Insbesondere

Suchtverhalten ist ausschließlich zurückzuführen auf mangelnde Selbstliebe. Mangelnde Selbstliebe stellt das Ende einer Kette dar, die Ursprungsursache für die Entstehung eines bestimmten Verhaltensmusters.

Jede psychische Krankheit hat nämlich nicht nur die Ursache in mangelnder Selbstliebe, sondern dient auch der Erreichung von Selbstliebe über ein verzerrtes Konstrukt. Dieses verzerrte Konstrukt ist beispielsweise der Alkoholmissbrauch. Über die Sucht wird ein Glückszustand erreicht, der entsprechend Liebe suggeriert, aber, wie schon beschrieben, nur eine Illusion von Liebe ist. Drogenmissbrauch fällt in die gleiche Kategorie.

Zwanghaftes Verhalten ist ein wenig schwieriger darzustellen, dient aber letzten Endes genau derselben Funktion, denn in dem Moment, wo Zwänge erfüllt werden, erfolgt eine positive Selbstbeurteilung. Das heißt, dass die Erwartungshaltung, einen bestimmten Zustand zu erreichen, erfüllt wurde, und zwar von der Person selbst. Das führt zu Liebe für sie selbst. Diese Liebe ist aber genauso nur eine Illusion, denn sie ist Trigger-bezogen. Nur weil eine Aufgabe erfüllt wurde, führt das nicht zu Selbstliebe. Liebe für dich selbst bedarf keines Grundes, keines Erfolges. Das ist eine Entscheidung, mehr nicht.

Diese Selbstliebe wird bei psychischen Krankheiten in einer Art und Weise erreicht, die mit einem Trigger gekoppelt ist. Das hat mit einem kognitiven Prozess zu tun, der eine Illusion des Erfolges suggeriert, sofern eine bestimmte Reaktion des Umfelds erreicht wird, oder sich die Person in einer gewissen Art und Weise verhält. Das Einstellen von Fotos auf Facebook, Instagram oder ähnlichen sozialen Medien folgt demselben Prinzip. In dem Moment, wo andere das Foto liken, erfolgt über einen kognitiven Prozess eine Selbstbeurteilung. Je nachdem wie die

Kommentare ausfallen, erfolgt diese mehr oder weniger positiv. Facebook weiß ganz genau, warum sie keinen dislike-button zur Verfügung stellen.

All diese Verhaltensweisen stellen einen verzerrten und entarteten Prozess zur Erreichung von Selbstliebe dar. Und je nach Ausprägung des Verhaltens, kann ab einer bestimmten Dimension von einer psychischen Krankheit gesprochen werden.

Eigentlich ist es relativ leicht zu erkennen, dass das was ich sage die Wahrheit ist, denn jedes Verhaltensmuster ist letzten Endes gekoppelt an, und zurückzuführen auf, in der Regel mehrere Ereignisse oder Situationen aus der Vergangenheit. Wie beschrieben verursachen diese Handlungen, beziehungsweise Ereignisse, Gefühlssurrogate, die sich in verschiedenste Richtungen weiterentwickeln können und am Ende in Belastungen ausarten, die bisweilen so verzerrt sind, dass es lange Zeit braucht, um diese überhaupt zurückzuführen auf das Basisgefühl der Traurigkeit. Sie können Dimensionen der Sucht, der Angst, der Depression, des Zwangsverhaltens usw. annehmen.

Psychische Krankheiten stellen im Prinzip ein Produkt aus mehreren Strängen entarteter Gefühlssurrogate dar. Diese einzelnen Stränge zu identifizieren und dem Prozess der Reinigung zu unterziehen, führt immer zu dem Resultat, dass über eine Erhöhung des Grads an Selbstliebe, diese Belastungen abgetragen werden können und so am Ende eine Heilung eintritt. Demnach sind unter anderem Angstzustände, Zwangsneurosen, Bipolarität, zurückzuführen auf entartete Gefühlssurrogatsstränge, die einer nach dem anderen auflösbar sind.

Zu wissen, dass die Ursache jeder psychischen Krankheit mangelnde Selbstliebe ist, führt unweigerlich zu einer Revolution im psychotherapeutischen Bereich, denn wenn erst mal ein Therapeut weiß, dass das Ziel die Erhöhung des Grads an Selbstliebe des Patienten ist, dann ist damit eine Menge gewonnen. Aber nicht nur Beschwerden mit einem solch hohen Schweregrad können geheilt werden, jede kleinste Form der Belastung ist auflösbar, was zu einer ungeheuren Praktikabilität für jeden einzelnen Menschen im Alltagsleben führt.

Die Ursache zu kennen für eine Krankheit, bedeutet allerdings noch lange nicht, diese Krankheit auch heilen zu können. Das ist abhängig von vielen Faktoren. Wie schon gesagt sind einige Menschen überhaupt nicht in der Lage, sich zu verändern, überhaupt nicht bereit dazu. Sie unterliegen unter Umständen unüberwindbaren Restriktionen oder haben bestimmte Verhaltensweisen zu einem Grad verinnerlicht der instinktivem Verhalten gleicht. Gerade im psychischen Bereich muss eine dauerhafte Veränderung seitens des Patienten gewünscht sein.

Erneut sei ganz klar gesagt, dass es sich hier um eine Formel handelt, welche in der Tat eine Weltformel auf psychischer Ebene darstellt, so arrogant das auch klingen mag, die Wahrheit kennt Arroganz nicht, und nur weil Bescheidenheit vielleicht erwartet wird, so orientieren sich meine Worte an der Wahrheit, nicht an anderer Menschen Normen, meine Entscheidung, so einfach ist das. Dennoch bedeutet das Wissen ob dieser Formal noch lange nicht, dass ein Prozess der Selbstreinigung immer und jederzeit anwendbar ist. Die Ursache einer Krankheit zu kennen, den Prozess der Heilung zu kennen, bedeutet noch lange nicht, auch eine Heilung vornehmen zu können. Nichts desto weniger handelt es sich bei Selbstliebe um den alles entscheidenden Zielzustand, den es zu erreichen gilt, wenn es um die Heilung psychischen „Fehlverhaltens" geht.

Wer nicht wagt

Es geht mir hier nicht um wissenschaftliche Präzision oder Beweisbarkeit. Es geht mir um Praktikabilität. Aber viel mehr noch geht es mir um die Wahrheit. Alles was ich hier beschrieben habe, bin ich. Ich bin der Prototyp. Ich bin das lebende Beispiel. Deshalb weiß ich, dass meine Worte die Wahrheit sind. Meine Wahrheit.

Glaube nicht was ich dir sage. Versuche das was ich sage, zu widerlegen. Versuche mir zu beweisen, dass ich Unrecht habe. Du wirst sehen, wie schwierig das ist. Ich wünsche mir, dass du das, was ich dir versucht habe zu zeigen, für dich zu nutzen lernst. Wenn es dein Ziel ist, beim Lesen dieser Zeilen Bereiche zu finden, in denen du nicht anwenden kannst was ich dir anbiete, wenn es dein Ziel ist, zu widerlegen was ich sage, dann ist das etwas Gutes, denn dann benutzt du deinen eigenen Verstand und folgst nicht blind dem Führer. Es ist allerdings immer leicht, Dinge zu verurteilen und sie als Mumpitz ab zu tun, weil sie nicht dem Konsens entsprechen. Einst war die Welt eine Scheibe, für die meisten zumindest.

Ich hoffe, dass du dir die Arbeit machst, den Mut aufbringst und die Zeit investierst, meinen Ansatz für einen gewissen Zeitraum auszuprobieren. Nehme dir einige wenige Bereiche vor, die für dich relevant sind, vielleicht auch weniger relevant, und versuche, das anzuwenden was ich hier beschreibe. Zu verlieren hast du gar nichts. Aber jeder Millimeter an Gewinn ist eine positive Entwicklung, oder nicht? Und genau unter diesem Aspekt wünsche ich mir, dass du dir das gesamte hier beschriebene Konstrukt anschaust. Es hat mir unendlich viele Dimensionen offenbart, und diese kann mir niemand nehmen.

Wenn es um praktische Maßnahmen geht, um deinen Körper und dich als Person besser kennenzulernen, lege ich dir die Meditation ans Herz. Es gibt verschiedene Methoden, wähle die, die sich für dich am besten anfühlt. Ich habe selber mit autogenem Training angefangen und es im Laufe der Zeit auf mich und auf meine Bedürfnisse zugeschnitten, zu meiner eigenen Meditation gemacht. Nachdem ich gemerkt habe, dass das etwas ist, was für mich Sinn macht, habe ich mich tiefergehend damit befasst. Ich habe verschiedene Dinge versucht, mir verschiedene Dinge angelesen, unterschiedliche Erfahrungen gemacht. Am Ende habe ich für mich etwas kreiert, was ausschließlich ich habe. Etwas, das zu 100 % auf mich zugeschnitten ist. Alle daraus resultierenden Erfahrungen sind meine Erfahrungen. Diese Erfahrungen sind nicht Glaube, diese Erfahrungen stehen für Wissen. Das ist kein Wissen, was ich hier teilen werde, denn mein Wissen macht für dich keinen Unterschied. Und dir mein Wissen mitzuteilen, macht für mich keinen Unterschied. Denn selbst wenn du entscheiden solltest, mir nicht zu glauben, hat es keinen Einfluss auf meine Realität, auf meine Wahrheit.

Des Weiteren kann ich jegliche Tätigkeit, die zu einem höheren Wahrnehmungsgrad deines eigenen Körpers führt, nur empfehlen. Jeder Sport erfüllt beispielsweise diesen Zweck. Zudem ist es wichtig, dass du in der Lage bist, dir deiner eigenen Gefühle gewahr zu sein. Es ist wichtig, dich in gewissen Situationen nicht von deinen Emotionen überwältigen zu lassen. Denn du bist auf der Suche nach der Wahrheit in dir selber. Du suchst nach deiner Realität. Dazu musst du dir deiner eigenen Gefühle und deiner eigenen inneren Vorgänge bewusst sein. All das kannst du trainieren. Zu diesen Themen existieren schon zahlreiche Bücher, der Vollständigkeit halber, soll es aber dennoch hier erwähnt worden sein.

Siehe mich bitte als deinen Freund. Ich will nicht, dass du mir glaubst. Ich will nicht, dass du mir folgst. Ich brauche keine Fans. Ich habe mich entschieden, dir etwas mitzuteilen, was sich für mich als absolut essenziell herausgestellt hat. Ich biete dir etwas an, von dem du nehmen kannst was du willst. Jedes Urteil von dir, ob positiv oder negativ, wird mein Leben in keiner Art und Weise verändern. Es geht hier ausschließlich um dich. Ich habe keinen Nutzen von dir. In keiner Form. Ich bitte dich einfach nur, sämtliche Widerstände die in dir aufkeimen, einfach mal zu vergessen. Alles was ich dir anbiete, ist lediglich eine alternative Option zur Verbesserung deines Lebens. Du hast versucht, das Glück zu finden, ich biete dir stattdessen an, deine Belastungen zu eliminieren. Das ist, wie wenn du dein ganzes Leben lang Fahrrad gefahren bist, versuch doch jetzt mal das Motorrad. Wenn das nichts für dich ist, schmeiß es weg. Alles was du hier mitnimmst, alles was du versuchst, ist ausschließlich für dich. Es wird noch nicht einmal irgendjemand anderer auch nur das Geringste davon mitbekommen. Nur für dich. Und das schönste für mich wäre, wenn du dem eine Chance gäbest. Auch wenn ich nicht will, dass du mein Fan bist, auch wenn ich keine Blumen will, so wäre das schönste Gefühl für mich, dich in irgendeiner Form inspiriert zu haben, und dass diese Inspiration in dir einen Samen säht, den du zu einem Baum, zu welcher Pflanze auch immer heranwachsen lassen kannst. Vielleicht wird daraus nur ein Kaktus, vielleicht wird daraus aber auch der Amazonas. Ich jedenfalls wünsche dir Liebe.

Meine Welt

An was ich glaube, spielt für dich überhaupt keine Rolle. An was ich glaube, spielt noch nicht einmal für mich eine Rolle. Denn das was ich glaube, ist eben nicht das was ich weiß. Dennoch ist es etwas Schönes, eine Idee für sich selber zu haben davon, wie die Welt um mich herum aussieht. Deshalb will ich dir einen kurzen Einblick in das geben, was eben meine Welt ist.

Meine Idee von der Welt beginnt mit dem Zufall. Ich glaube, dass in der Tat so etwas wie eine Art Urknall stattgefunden hat, durch den alles entstanden ist. Dieses Ursprungsereignis ist absolut zufälliger Natur. In diesem Ereignis aus purer Zufälligkeit, ist am Ende die Basis für alles geschaffen worden was heute existiert. Ich glaube, dass viele Dinge existieren, die wir überhaupt nicht wahrnehmen können. Wir als Menschen sehen uns natürlich gerne als das Zentrum. Allerdings ist dieser Gedanke relativ einfältig. Ich glaube vielmehr, dass es auch Dinge gibt wie Geister, Seelen, übernatürliche Fähigkeiten einzelner Menschen. Genauso wie es Menschen gibt, die farbenblind sind, und somit ein geringeres Spektrum an Farben wahrnehmen können, genauso gibt es Menschen, die in anderer Art und Weise differenzierter entwickelt sind. Diese sind vielleicht in der Lage, emotionale Zustände anderer viel dezidierter wahrzunehmen. Diese Menschen sind vielleicht in der Lage, zu anderen Wesen Kontakt aufzunehmen. In meiner Welt ist für alles Platz. Ich verschließe mich vor nichts. Ich versuche nicht, Regeln aufzustellen. Ich versuche nicht, Dinge in einen Rahmen, in ein Muster zu pressen. Je mehr Raum ich allem gebe was existiert, desto mehr kann dieser Raum atmen, desto größer die Dimension meiner eigenen Wahrnehmung. In dem Moment, wo du allem einen Namen gibst, wo du versuchst, Formeln aufzustellen, Reiz-Reaktionsmodelle abzubilden, in dem Moment schränkst du deine Welt ein. Du erreichst dadurch natürlich einen gewissen Grad an Erklärbarkeit, aber warum willst du das?

Heutzutage verlassen wir uns nahezu ausschließlich auf das, was wir sehen, was wir mit unseren Sinnen wahrnehmen können, was wir unserer Definition nach beweisen können. Ich glaube, dass wir als Menschen ganz enorme Fähigkeiten besitzen, denen wir uns selber berauben. Ich weiß nicht, was nach dem Tod passiert. Ist das wichtig? Ist es wichtig zu wissen, ob es Gott gibt? Eines ist interessant, du wirst niemals beweisen können, dass es Gott nicht gibt. Dass muss einige Menschen in blinde Raserei versetzen! In meiner Welt sind nur ganz wenige Dinge wichtig. Auf zwei Dinge kann ich mich aber immer verlassen, auf Wahrheit und auf Liebe. Sie haben mich dorthin gebracht, wo ich jetzt bin, und woanders möchte ich gar nicht sein.

Deine Welt

Deshalb sei offen. Nichts ist schlimmer, als sich selber neuer Möglichkeiten zu berauben, andere Dimension die dein Leben um so viel reicher machen können, zu ignorieren. Sei nicht ungeduldig! Sei neugierig und zuversichtlich.

Wenn es um deine Welt geht, so will ich, so wünsche ich mir für dich, dass du deinen eigenen Weg findest, dass du deine eigenen Wahrheiten findest, dass du deine eigenen Erfahrungen machst und diesen Erfahrungen vertraust. Ich will, dass du offen bist, selbst für übernatürliche Dinge, für Dinge, die du nicht sehen kannst, für Dinge, für die dich andere für verrückt erklären würden. Sei kreativ! Erfinde dich selbst neu! Gehe Wege, die du noch nie beschritten hast! Überrasche und erstaune dich selbst!

Was auch immer du versuchst um deine Welt zu erweitern, oder was immer du versuchst um tiefere Einblicke in dich selbst zu erlangen, mache den Weg zu deinem eigenen Weg. Nimm nicht die Wege an, die andere Leute gehen. Natürlich gibt es viele Menschen, die verschiedene Dinge versucht haben, und das mit ganz unterschiedlichem Erfolg. Es ist nicht verkehrt, sich diese Dinge anzuhören und diese Dinge zu versuchen. Das ist sogar etwas sehr Gutes. Denn so bist du offen, du verschließt dich nichts und niemandem. Offen sein ist ein ganz wichtiger Faktor in der Erlangung neuer Erfahrungen. Das entscheidende ist jedoch, dass wenn du dich für einen Weg entscheidest, oder einen Weg gehst, du ihn zu deinem eigenen Weg machst.

Was immer du da finden mögest, draußen in dieser Welt, mache es zu deiner Erfahrung. Erkenne, dass dies deine Wahrheit ist. Versuche nicht, die Wahrheit eines anderen zu replizieren in deiner Welt. Wenn du erwartest, eine Erkenntnis zu erlangen, die jemand anderes für sich hat, dann machst du damit zwei große Fehler. Zum einen erkennst du an, dass die Realität oder die Erkenntnis des anderen, die Erkenntnis schlechthin ist. Zum anderen, und das ist viel schlimmer, belastest du dich mit einer Erwartungshaltung, die unter Umständen nicht erfüllt wird, und du trägst diese Belastung als Enttäuschung ob deiner eigenen Unfähigkeit, das angestrebte Ziel nicht erreicht zu haben, dann womöglich jahrelang mit dir herum.

Wofür auch immer du dich entscheidest, welchen Weg auch immer du gehen willst, jeder Weg, der dir hilft dich als Ganzes besser zu verstehen, ist ein guter Weg. Dieser Weg wird Erfahrungen für dich bereithalten und dir Möglichkeiten bieten, mit denen du es schaffst, leichter deine Wahrheit zu erkennen, wird dir Werkzeuge geben, mit denen du es schaffst, deine Reinheit zu erhalten oder deiner eigenen Reinheit näher zu kommen. Alles arbeitet zusammen, alles wirkt aufeinander. Und je mehr Werkzeuge du hast, um deine Liebe freizulegen, um dich erfüllen zu lassen von Liebe, desto schöner wird jeder einzelne Augenblick deines Lebens sein.

Was auch immer passiert, was auch immer nicht passiert, es ist und bleibt deine Wahrheit, deine Welt. Es ist und bleibt deine Realität, die du gestalten kannst, deshalb glaube nicht, fange an zu wissen! Denn deine Welt musst du vor niemandem rechtfertigen, nur vor dir selber. Nichts ist schlimmer, als sein Leben zu meistern, zu überleben. Ich ziehe den Tod vor, ganz bestimmt! Ich kämpfe lieber und verliere haushoch, als niemals gelebt zu haben. Überleben ist nicht das höchste Gut, und es ist vor allem nicht jedes Opfer wert. Vertraue dir selber und deinen Fähigkeiten, hab keine Angst, denn Wahrheit und Liebe sind deine Beschützer, sind dein Licht das niemals erlischt, sie sind dein Zuhause, an jedem Ort deiner Welt.

Macht

Wir leben in einer Welt, in der es cool ist, aggressiv zu sein. Es ist cool, jemand anderem mit der Faust mitten ins Gesicht zu schlagen, und davon ein Video zu drehen. Trotzdem sie offiziell verpönt sind, wird dennoch hinter vorgehaltener Hand, Drogendealern, Gangstern, Terroristen gehuldigt, man schaue sich nur einmal die Filmindustrie an. Sie werden als stark, mächtig, angsteinflößend dargestellt, was erschreckenderweise all das verkörpert, wonach die Maße strebt. Diese Attributzuweisungen sind keine Seltenheit und finden ihre Inkarnation in Schülern, die wahllos mit einem Sturmgewehr ihre Mitmenschen in den Tod schicken.

Destruktives Verhalten jedweder Form suggeriert Macht und Einfluss. Alle Menschen auf dieser Welt sind so verblendet konditioniert, dass sie schon gar nicht mehr darüber nachdenken, ob Macht und Einfluss überhaupt erstrebenswerte Ziele darstellen. Häufig sind natürlich Macht und Einfluss gekoppelt an monetäre Vorteile, und Geld führt sehr schnell und sehr einfach zu einer dauerhaften Versorgung mit Glückstriggern. Niemand, der aus purer Liebe besteht, würde jemals solchen Zielen nacheifern, würde jemals destruktives und aggressives Verhalten an den Tag legen können. Schnelle Autos, waghalsige Mutproben, Waffen, käuflicher Sex, sind alles Statussymbole in einer verzerrten Welt wie unserer. Verständnis, Sanftmut,

Vergebung, Zärtlichkeit, Liebe stellen Schwäche dar. Sie zeugen von Machtlosigkeit, so die Perzeption.

Wenn dich jemand beschimpft, so wird es als Schwäche angesehen sofern du deine vermeintliche Ehre nicht mit deinem Leben verteidigst. Es wird als stark, heroisch und angemessen empfunden, demjenigen sofort das Genick zu brechen, ihm den Kopf abzuschlagen und das Foto dann auf Instagram zu posten. Ganz offensichtlich scheint diese Welt vergessen zu haben, dass es in einem Krieg, in welcher Form auch immer, keine Gewinner gibt. Konfliktvermeidung hat in der Tat einen Gewinner zu krönen, und Gewinner ist der, der eben in der Lage ist, sich zurückzuziehen, ist derjenige, dem Beleidigungen und Beschimpfungen nichts anhaben können. Derjenige, der die Pfeile der Verachtung, die Peitschenhiebe der Respektlosigkeit verwandeln kann in sanfte Tropfen der Vergebung, der ist unantastbar. Das ist die wahre Bedeutung, wenn es heißt der Klügere gibt nach. Wenn dir nichts und niemand deine Liebe nehmen kann, dann schwebst du über den Dingen. Aber eine Krone gibt es dafür nicht. Nicht in dieser Welt.

Wer sich vor jemand anderem körperlich verteidigen muss, ist ganz offensichtlich abhängig von dessen Urteil. Denn warum sonst bestünde eine Notwendigkeit, das Missverständnis gegenüber der Wertigkeit der eigenen Person klarstellen zu müssen? Es ist offensichtlich, dass jede Form aggressiven Verhaltens ihren Ursprung in ungelösten Konflikten in uns selber hat. Anstatt diese jedoch als nicht erstrebenswert zu titulieren und nach einer Veränderung zu suchen, haben wir vielmehr aus der Not eine Tugend gemacht und gelernt, sie indirekt und implizit als wünschenswert zu neuen Höhen aufsteigen zu lassen. Indirekt verehren wir das Böse und bewundern, wie viel Macht uns destruktives Verhalten beschert.

Und jetzt bitte ich dich, gut zuzuhören, denn auch wenn es scheint, als wäre ein Mensch voll purer Liebe machtlos, so zeige ich dir nun, wie viel Macht Liebe tatsächlich besitzt. Ich habe vor kurzem jemanden sagen hören, dass du am Ende nicht den Menschen mit dem schönsten Gesicht in Erinnerung behältst, sondern den Menschen mit der schönsten Seele und dem schönsten Herzen. Liebe hat die Macht, sich in dein Gehirn zu brennen. Die Wahrheit wirst du niemals vergessen können. Versuche, eine Lüge aufrecht zu erhalten, und du wirst sehen, wie schwer es ist, alle Einzelheiten und Umstände in dir zu speichern, um sie in Zukunft genauso detailgetreu wiedergeben zu können. Die Wahrheit bedarf solcher künstlichen Krücken nicht. Und wenn du nun auf einen Menschen triffst, der voller Wahrheit ist, der jeder Konsequenz daraus mit einem Lächeln entgegentritt, der voller Selbstliebe ist, dann wird das nie vergessen werden. Wenn du voller Liebe bist, werden dich Menschen die dich kennenlernen, niemals verlieren wollen.

Wenn du in der Lage bist, unabhängig davon wie grausam und unverantwortlich sich andere Menschen dir gegenüber verhalten haben, emotional oder physisch, nach keinerlei Vergeltung zu streben, wenn du nicht nach Rache sinnst, sondern stattdessen Vergebung praktizierst, dann wird es für diese Menschen unmöglich sein, dich jemals aus ihrem Gedächtnis zu streichen. Denn natürlich bist du deren kognitive Dissonanz, dein Verhalten ist paradox und verursacht in ihnen Konflikte. Das führt sehr häufig zu dem Versuch, dich aus ihrem Schädel zu verdrängen, aber das wird ihnen niemals gelingen.

Menschen erwarten Gerechtigkeit, Fairness. In dem Moment, wo sich jemand ungebührlich verhält, wird eine bestimmte Bestrafung oder Konsequenz, eine Form der Vergeltung erwartet. In dem Moment, wo diese Bestrafung erfolgt, empfinden wir Gerechtigkeit. In dem Moment, wo ein Dieb seine Strafe erhält, empfindet er seine Situation als in gewisser Weise gelöst. Er hat etwas Unrechtes getan und dafür eine gerechte Strafe erhalten. Jetzt ist alles wieder gut.

Nichts, aber auch rein gar nichts ist wieder gut. Denn rein gar nichts war ungut. Denn richtig oder falsch existieren überhaupt nicht. Ich hoffe, das ist dir mittlerweile klar geworden. Es ist was es ist. In dem Moment, wo der Dieb erwischt wird und keine Strafe erhält, aber ihm stattdessen vor Augen geführt wird, was für Konsequenzen seine Tat hatte, wird er vollkommen alleine gelassen. Er wird dazu gezwungen, sich mit sich selber auseinanderzusetzen. Es mag vielleicht auf den ersten Blick töricht und dumm erscheinen, so zu denken. Auf den zweiten Blick sind aber ausschließlich Liebe und Vergebung überhaupt final in der Lage, Aggressivität, Wut und Destruktion für immer aus unserem Leben zu verbannen. Mit Bestrafung wirst du niemals das Böse bekämpfen. Es empfindet zwar Gerechtigkeit durch Bestrafung, aber missbraucht dann diese Strafe als Rechtfertigung für neue Taten. Die Strafe ist die Nahrung des Bösen, denn das Böse verschlingt Gewalt, Wut, Zerstörung und Verachtung und wächst dadurch. Es ist Meister der Lüge, und nichts ist leichter für es, als die Situation so zu verdrehen und zu verzerren, dass es sich am Ende selbst als das Opfer betrachten kann. Manipulation war schließlich Hauptfach.

Denke nicht, dass Liebe Schwäche ist. Liebe ist das mächtigste was wir besitzen. Es ist in der Lage, uns unsterblich zu machen. Leider versteht das die Welt da draußen nicht. Denn die Welt da draußen ist dem Glück verfallen. Und mit dem Streben nach Glück erfolgt das Streben nach Macht, das Streben nach Geld, und in seiner Konsequenz verstörendes Verhalten in jedweder Form. Lass dich davon nicht beeindrucken.

Ich höre dein Jauchzen, dein Wimmern und dein Klagen. „Das stimmt doch nicht", höre ich dich wispern. Nein? Dann pass gut auf.

Jesus war pure Liebe. Er war voll von Vergebung und Verständnis. Er ertrug alles, ließ alles über sich ergehen, ohne jemals nach Rache zu dürsten. Er hatte lediglich 12 Gefährten. Zu Lebzeiten verehren wir die Zerstörer und Verräter, wir huldigen den Schattenfürsten, doch wenn wir irgendwann erwachen, erkennen wir, dass wir unsere wahren Erlöser gepeinigt, verachtet und bespuckt haben. Schon immer haben wir dem Hass gehuldigt und die Liebe verpönt, unsere Lichter geopfert für einen Splitter Macht.

Hitler hatte Millionen Anhänger, er war der größte Götze seiner Zeit. Doch trotz dieser Vielzahl lechzender Zinnsoldaten, trotz seines Einflusses und seiner Macht, hat er es nur durch Lüge, Manipulation und Todesangst in die Köpfe der Menschen geschafft. Mit seinem Tod entlarvte sich die Illusion selbst, und so starb jegliche Verehrung seines Armageddon. Voller Verachtung und Abscheu wird heute über seine Taten berichtet. Das ist Untergang.

Trotz der geringen Zahl seiner Gefährten, hat es Jesus in die Herzen von Millionen Menschen geschafft. Mit seinem Tod wurde die Wahrheit entlarvt. Erst durch sein Opfer wurde die Welt Zeuge ewiger Liebe. So begann seine Verehrung, so wurde er zur Lichtgestalt. Das ist Auferstehung! Unzählige Anhänger hat Jesus dieser Tage, und über seine Werke und Taten wird voller Bewunderung berichtet. Wir schreiben das Jahr 2016. Nach Christus. So machtvoll, so unzerstörbar, so unsterblich ist pure Liebe. Sie ist voller Ewigkeit.

9. Anhang

Orientierungshilfe und Begriffserklärung

1. **Wissen** bezieht sich auf die eigene Erfahrung, im Gegensatz zum **Glauben**, der eine Entscheidung für die Integration anderer Leute Erfahrungen in die eigene Wahrheit bedeutet. Die eigene **Wahrheit** bildet den Kern des **Wesens** einer Person.

2. **Gefühlssurrogate** bilden den Kern von emotionalen Belastungen. Sie entstehen durch eine selbstschützende Auseinandersetzung mit einem Ereignis oder einer Situation.

   - Alles was nicht Traurigkeit oder Liebe ist, ist Surrogat. **Surrogate** sind Illusion. Positive Surrogate sind Trigger-abhängig und suggerieren Liebe, sie überdauern nicht. Negative Surrogate sind neu ausgerichtete und intensivierte Traurigkeit.

3. **Wahrheitsfindung** in Bezug auf die Ursache von Gefühlssurrogaten ist der erste Schritt im Prozess der Selbstreinigung.

    - **Simplifikation** dient der Vereinfachung bei der Wahrheitssuche und bezeichnet das Herunterbrechen einer Situation auf ihre kleinsten Nenner.

    - **Die richtigen Fragen** führen dich zu der Wahrheit, sie besitzen Taschenlampenfunktion.

    - Die **Rückführung auf die Basisemotion Traurigkeit** offenbart den Kern der Belastung. Traurigkeit stellt das Ende der negativen Emotionskette dar. Der mit ihr verbundene Schmerz birgt die Wahrheit.

4. **Selbsterkenntnis** ist das Resultat der Wahrheitsfindung und notwendig für die Erreichung von Selbstliebe.

    - **Schmerz** ist Symptom der Traurigkeit. Es ist Warnsignal der Psyche und bedarf der Aufmerksamkeit. Die Bewältigung des Schmerzes führt zur Eliminierung der gekoppelten Gefühlssurrogate.

    - Deine **Entscheidungen** bzw. **Restriktionen** sind immer Ursache deiner Situation. Als Resultat trägst alleine du die Verantwortung für deine Lage. Ein Schuldiger existiert nicht.

        o **Erwartungshaltungen** sind immer Teil einer Entscheidung und können nicht eliminiert werden. Die mögliche Divergenz zum tatsächlich eingetretenen Ereignis birgt die Gefahr der Entstehung von Gefühlssurrogaten.

- **Denkmuster** restringieren deine Fähigkeit zu kreativen Lösungen und abstrakten Denkansätzen.

- Dein **Wertesystem** ist die Instanz für Fremd- und Selbstverurteilung. Es beinhaltet erwünschte Handlungsprinzipien und moralische Richtlinien.

- Deine **Baseline** ist dein Grundgefühl. Es bezeichnet das emotionale Niveau welches in der Regel nicht unterschritten werden kann.

5. **Vergebung** und **Wertekorrektur** sind Hilfsmittel, um mit den Ergebnissen aus der Selbsterkenntnis umzugehen und dienen der Erreichung von Selbstliebe.

6. **Selbstliebe** ist das Resultat der erfolgreichen Auseinandersetzung mit Schmerz. Sie resultiert aus der Entscheidung für die bedingungslose und wertefreie **Akzeptanz** der eigenen Person (Resultat aus Punkt 3). Selbstliebe wird erreicht über zwei Optionen:

    I. Handle stets nach deiner eigenen Wahrheit (Belastung entsteht nicht). Und / Oder

    II. Eliminiere bestehende Belastungen über den Prozess der **Selbstreinigung**.

7. **Leere** bedeutet die Abwesenheit von Belastungen, sie entsteht durch Anwendung von 6.I bzw. 6.II und bildet die Basis für:

8. **Pure Liebe, Erfüllt sein von Liebe, Kontakt zur eigenen Seele** sind synonyme Ausdrücke für eine dauerhafte Baseline von qualitativ hohem Niveau. Dieser Zustand ist frei von emotionaler Belastung und verursacht Leichtigkeit, ein kosmisches Leuchten, eine Art Schwebegefühl. Dieser Zustand ist nicht unantastbar, denn immer droht die Gefahr von:

9. **Gefühlssurrogate** s.o.